与えれば、与えられる

伊勢白山道

「相手を生かそうとする人は、自分も生かされる」法則

電波社

与えれば、与えられる

【新版】まえがき

このたび、今から約十年前に発行されました『与えれば、与えられる』（二〇〇九年、㈱経済界刊）を新版として再発行することになりました。

この本を書いた頃は、私はまだサラリーマン生活を継続中でした。疲れて帰宅した夜に、夕食を食べてからブログ対応や、書籍のための執筆をしていたことを懐かしく思い出します。今は経営者の立場となり、自由に自分の時間配分ができることに有り難さを感じています。

人間は、自分の自由時間を拘束されるか否《いな》かで、生活観がガラリと変わるものです。当時とは変わった今の私の生活観から、十年ぶりにこの書籍の内容を見直しました。

そうしますと、思っていた以上に霊的な内容を盛り込んでいたことに、小さな驚きを感じました。当時の私は、薄い本に、とにかく霊的なエッセンスをできるだけ「法則」として盛り込みたかったようです。

そのようにした理由を振り返ってみますと、十年後に再発行するなどとは思いもせずに、常に「これが最後の私の本」という覚悟を持って、当時の私は生きていたことを思い出します。とにかく書き残しがないように、霊的な内容を書いておきたかったのです。

「今日が私の人生最後の日」というつもりで生きてきた結果、今も嬉々として一日の二十時間を、仕事をしながらブログ対応と本の執筆をしています。

この本は、十年前の私が生きていた軌跡を残す意味で、変更や加筆は最小限だけです。伊勢白山道の初期の頃の雰囲気を、この本から感じて頂ければ幸いです。

読んで頂いて、心から感謝を申し上げます。

伊勢白山道

二〇一九年　令和最初の初夏に

【旧版】まえがき

人は、誰もが人生の登山者です。

誰よりも高く、早く登ることに生きがいを覚える人もいれば、途中の風景を楽しみながら、自分のペースでゆっくりと登っていく人もいるでしょう。中には、登山の過程を楽しむ余裕がなく、ただ目の前の道を、一歩ずつ進んでいくだけで精一杯だという人もいるかも知れません。

しかし、人それぞれの思いは様々に違っていても、すべての人に共通する大切なことが一つあります。

それは、「決して自分自身を見捨ててはいけない」ということです。

長い道の途中では、楽しいこと、嬉しいこと、自分の思い通りになることばかりではありません。

延々と続く、足場の悪い岩だらけの道を登り続けることに疲れ果て、投げやりな気持ちになってしまうこともあるかも知れません。草花の愛らしい姿に目を楽しませ、耳に心地よい小鳥の歌声にうっとりとしていたのも束の間《つかのま》、突然襲ってきた豪雨になす術《すべ》もなく、呆然《ぼうぜん》と立ちすくんでしまうこともあるかも知れません。

また、もうこんな辛《つら》い思いをするのは嫌だと近道を選んだつもりが、余計な回り道に迷い込んでしまい、出口を見つけることもできないまま、途方に暮れてしまうということも、もしかしたら、あるかも知れません。

そんな時、人は、ともすれば弱気になり、自分を責めて心を痛めます。あるいは逆に、他人を責めて、自分の辛い現実から目を背《そむ》けようとするはかない試みにしがみつきます。絶望的な思いにとらわれて、怒りに身を任せてしまう人や、逆に、歩き続けることに意味はないと、無気力の中に沈み込んでしまう人もいるかも知れません。

しかし、心配は無用です。自分自身を見捨てることさえしなければ、いつでも人生をやり直し、新たな一歩を踏み出すことは可能です。

もっとも、そのためには、自分の心が安定していることが大事です。

人間は、心が安定してさえいれば、問題に直面しても慌《あわ》てることなく、しっかりと受け止め、前向きに対応していくことができます。心が安定してさえいれば、後は自分の努力で人生を自由に創造し、思う存分、楽しむことができるのです。

逆に、心が不安定であれば、歩みを続けること自体が嫌になり、自分自身を見捨てることにもなりかねません。

では、この楽も苦もある人生を、安定した心で、明るく強く生きていくためには、どうしたら良いのでしょうか。

誰もが知りたいこの疑問に、伊勢白山道（愛称：リーマン）さんが、色々な角度から様々な例を挙げつつ、正面からわかりやすく答えているのが、本書『与えれば、与えられる』です。

ここで簡単に、著者である伊勢白山道さんの紹介をさせて頂きます。

伊勢白山道さんは、一見したところ、普段は会社で仕事をし、休日は、家族サービスに努めている普通のサラリーマンです。

しかし、その本当の姿は、一日の閲覧数十万件を超えるブログ「伊勢—白山道」の管理人として、ほとんど毎日記事を更新すると同時に、読者からの投稿すべてに目を通し、あらゆる質問に的確に回答しながら、悩みを抱えている大勢の人を励まし、勇気づけている、読者みんなにとっての頼れる兄貴です。

長年にわたる豊富な経験と多方面に及ぶ知識と知恵に裏づけられた毎日のブログ記事は、人生論、健康法といった個人の生き方や生活に関する身近な話題から、歴史や神話、さらには宇宙の隠された真実に至るまで、森羅万象《しんらばんしょう》のあらゆる領域を網羅《もうら》しています。

今回、毎日の記事を通してブログ上で公開している「人生の法則」を、ブログを御覧になれない大勢の皆さんにもぜひ知って頂きたいとの伊勢白山道さんの熱い思いから、この本の構想は始まりました。

そして、ブログ読者の一人である私が、編集作業のお手伝いをさせて頂くことになりました。

この本を編集するにあたって、私が心がけたことは、次の二点です。

1

伊勢白山道さんは、人生を生きる上で大事なことは、人生を正しく知ることであると述べています。そこで、人生を正しく知る上でぜひ知っておきたい法則を、これまでのブログ記事の中から幅広く取り上げて、皆さんが理解しやすいように、テーマごとにまとめてみました。

伊勢白山道さんが毎日のブログ記事を通して、私たちに伝えたいことのエッセンスをコンパクトにまとめてありますので、この本を最初から通して読んで頂ければ、きっと、これからの人生を生きていくためのたくさんのヒントを得ることができるでしょう。

2

また、この本は、単に法則についての知識を紹介するだけではなく、読み終えた後に、これからの自分の人生を明るく強く生きていこうと思って頂けるような、元気と勇気が湧《わ》いてくる本にすることにも努めました。

時に悩んだり、落ち込んだり、挫《くじ》けそうになったりする私たち一人ひとりを、伊勢白山道さんが優しく見守り、温かく受け止めつつ、「大丈夫だよ」と力強く、声をかけて励ましてくれる、そんな一冊になるように、この本の中には、伊勢白山道さんのとっておきの言葉をいっぱい詰め込んであります。

この本の中で伊勢白山道さんが紹介している法則の数々を、毎日の生活の中で、実際に試して頂ければ、きっと、これまでとは心の安定感が違ってきていることに気づくことでしょう。

また、周囲の人たちとの人間関係も、いつの間にか、良い方向へと改善してきていることに驚くことでしょう。

そして、何よりも、人生の色々な問題に直面しても、明るい気持ちで前向きに受け入れ、自分自身で努力することができるようになっていることを、喜びと共に実感することができるでしょう。

この本が、皆さん一人ひとりにとって、人生の良き同伴書となることを心より願っています。

二〇〇九年

編集代表 C.K.

与えれば、与えられる

目次

第一章　感謝の法則

たとえ辛くとも、現状に感謝すれば、必ず好転する

第二章　慈悲の法則

相手を生かそうとする人は、自分も生かされる

第三章　思いやりの法則

見返りを期待せず、思いやりの気持ちで与える

第四章　合わせ鏡の法則

神仏や先祖に捧げたものは、自分に返る

第五章　同類引き寄せの法則

自分自身の心がけに見合った存在が寄ってくる

第六章　上書き修正可能の法則
生きている限り、いつでも努力で修正可能

第九章 「感謝の先祖供養」の法則

本当の幸運をつかむ方法

造本・装幀　岡 孝治

第一章　感謝の法則

たとえ辛くとも、現状に感謝すれば、必ず好転する

「苦しみを遠ざけ〝有り難い方向〟に人生を導く」法則

ラジオを聞いていましたら、小学校五年生の男子生徒が作文を朗読していました。

その作文は、「何のために生きているのか?」という題名でした。

かなり長い内容でしたが、結論は「生きてみないとわからない」というものだったと思います。

私は、感心しました。

小学生にして、大人でもわからない人生の大命題をテーマに選び、しかも正しい結論を自《みずか》ら下していると思ったからです。

これは、彼が小学生なりに一生懸命に生きているからこそ出てくるテーマであり、しかも、その結論が純粋な魂だからこそ出てくる素直な答えとなっています。

この子が、もし、日常生活をダラダラと好きなことだけをして遊び呆《ほう》けていれば、このようなテーマは出てきません。

彼なりに、死ぬほどしたいゲームを我慢して勉強したり、見たいテレビを我慢したり、もしかしたら学校でイジメに遭《あ》っていることもあるかも知れません。

人間は、辛いことを経験して、初めて人生を考え出すものです。

楽しいことばかりですと、人生を見直したり、反省したりすることがなくなっていくのが人間というものです。楽しいことばかりの毎日を過ごしていますと、日常の中にある「感謝するべき事柄をアタリマエにして」見落とすことにもなるものです。

これは、旅する私たちの魂には不幸なことです。

心が成長せずに、退化していくことになります。

ただ、この宇宙は幸いにも、楽な生き方をしていると、必ず辛い状況に人生が向くような設定がされています。

痛い思いをすることになるのです。

人生の最初が良くて後が辛いのは、人間にはこたえます。楽な生活を知っているために、同じ辛さでも二倍に感じるものです。

釈尊《しゃくそん》（お釈迦《しゃか》さま）は、人生とは「苦しみ」であると断言します。苦しみだからこそ、人生で体験できる幸せを大事に味わい、感謝すべきだと伝えます。

大事なことは、楽しいことや幸福なことを感じたならば、感謝の気持ちをその都度《つど》その場に置いていくことです。そうすると、楽しいことや幸福なことが持続するのです。人生が、ますます有り難い方向に向かっていくのも宇宙の法則です。

もし、辛く悲しい状況があるならば、それも自己の心を成長させるための慈悲だと思い、感謝の気持ちで受け入れることが大事です。

そこにも、災《わざわ》いが福に転じる宇宙の法則があります。

痛い思いをする前から日常への感謝をしていることは、苦しみを遠ざける方法です。

楽しいことにも、辛いことにも感謝する。
残りの人生は、嬉しく楽しいものに必ずなります。

この文章を読んでいるあなたも、人生を真剣に生きているからこそ、読んでいるのかも知れませんね。
心を成長させようとする人です。

「苦しい時ほど感謝を捧げる」法則

「おかげさま」という漢字は「御蔭様（御陰様）」と書きます。

他人から受けた助力や親切に対して、感謝の意を込めて言う言葉だと一般には説明されています。

漢字の蔭・陰（かげ：隠れた場所、物の後ろ）の文字が使われているので、自分が認識している特定の相手への感謝ではありません。

自分が気づいていない多くの援助してくれている存在が陰にいて、自分が「生かされている」ことへの感謝を表す言葉だと感じます。

自分が気づいていない感謝するべき相手を知ることは、難しいことです。陰に隠れているからなのか、自分の眼が曇っているからなのか……、気づいてはいるが認めたくない、感謝する気持ちになれない、などと自分の恩人に気づけないのです。

隠れた大恩人が誰にでもいるものです。もし、いなければ私たちは生きていません。今がどんなに苦しくて惨《みじ》めな境遇であっても、今、自分が生きているということは、陰で誰かが「支えてきてくれた」のです。

それは誰なのでしょうか？

人間は愚かな面がありますから、自分を陰で支えてくれる存在を失《な》くして初めて、その存在の大きさに気がつきます。

陰で支えてくれる存在が生きている人間の場合、その人が亡くなって初めて、その存在の大きさを深く認識できることになります。自分の人生の一時《いっとき》に関わってくれて支えて頂いたと、その人の死をもって初めて素直にその有り難さを思い知ります。

すでに亡くなった縁ある人々も、自分の心の小宇宙に存続しており、本当の意味で陰から支えてくれているものです。

亡くなった人の魂が次の旅に出るまでは、縁のある生きている人との相互関係は存続しています。やはり、忘れずに思い出して、感謝の気持ちを捧げることが大事です。

御蔭様が誰なのか、その存在を自分が生きている間に気がつくことができれば、後々の自分の心に後悔を生まないものです。また、その人に向き合う態度も変わります。

生きている間に修正ができることは、稀有《けう》なことであり、素晴らしいことです。御蔭様に気がつくためには、自分が今「生かされている」という原点からの視線で周りを眺《なが》めることが有効です。

「生かして頂いて　ありがとうございます」の視点を持って、職場や家庭で縁ある人々と接していますと、細かいことは気にならなくなり、相手を正しく観《み》て受け入れることができます。

御蔭様には「様」がついています。一つの個性のようです。

そもそも、この喜怒哀楽《きどあいらく》の世界を、陰で支えて提供してくれている個性かも知れません。


今、人生が苦しい？

良いではないですか。

高価な切符をやっと手に入れて乗り込んだ、人生という名のジェットコースターです。すぐに終わります。

今、動いている最中に飛び降りますと、せっかくの貴重な魂の旅が終わってしまいます。最後まで上へ下へとスリルを楽しまなければ損をします。スリルが大きいほど、終着駅に辿《たど》り着いた時に、また乗りたくなるものです。

ジェットコースターの管理人は、誰なのでしょうか？

「不満な気持ちを持ち続けていると、さらに悪い状況になる」法則

ブログ読者の方から、次のような投稿を頂きました。

「まだまだ未熟者のようです。自分だけが損をしているように感じたり、他人がうらやましく思えたり……そんなこと考えてもキリがないとわかっているものの、生きていて物足りなさを感じてしまいます。

今、この現状が有り難いことだとは理解していても、出てくる言葉は不満ばかり。こんな自分がイヤになります。こんな思いをするのなら、早く死んでしまいたいと思ってしまいます。

生きる目的は何なのですか？　何のために生きているのですか？　わからなくなり、涙が止まりません」

このようなことは、誰もが思ったことがあるのではないでしょうか？

しかし、今の惨《みじ》めと思う環境を受け入れて感謝できるところを見出《みいだ》そうとせず、不満な気持ちを持ち続けていますと、その不満な現状でさえも、後から振り返れば有り難かったと思うように未来は進む法則があります。

つまり、不満な現状よりも、もっと悪い状況になれば、過去の不満だらけの時は、まだマシだったとなるのです。

人生は、感謝の気持ちを持てるように、生かされていることの有り難さに気づけるように、淡々と流れていくようです。

現状に感謝することができなければ、もっと下の環境へと流されて、過去の有り難さに気づかされる法則が現実界にはありますので、注意しなければいけません。

どんなに不満があり苦しくても、現状の中に感謝できる部分を見出して、「有り難いなあ～」と感謝の気持ちを置いておきましょう。自分が空間に残した感謝の思いは、なくなりません。

この感謝の思いを置いた点が増えていけば、いつの間にか人生の全体が少しずつ持ち上がって、上へ上へと向かい出します。


人生の目的は、感謝の思いを空間に刻んでいくことではないでしょうか?

人間の霊体は、磁気の固まりです。人間の思い・気持ちも、磁気を出しています。人が生まれてから死ぬまでの一生分の意識の磁気は、寸分の漏《も》れなく、この空間にすべて記録されています。


人生を終えた時、私たちの魂は今生での意識の磁気テープを早送りで見ます。おまけに、その前の、複数の人生の磁気テープも、順番に併《あわ》せて見ることもできます。

それを見れば、私たちの魂は人生のすべてを納得し、色々なことを思うことでしょう……。

もっとがんばれば良かったと。

さあ、今から空間に刻んでいく思いは、善悪すべてのことに対して、
「生かして頂いて　ありがとうございます」

「いま苦しい人は、逆に大きなチャンスがある」法則

自分が生かされている。

もし、本当にそうならば、もっと良い待遇にしてほしい。物心がついた時には、すでに今の境遇になっていた。自分で好んで、こんな人生を望むわけがない。こんなに惨めで苦しい生活をするために、誰かに頼み込んで生まれてくるはずがない。生まれてこないほうが良かった。早く死んでしまいたいものだ……。

これから、ますます経済や社会状況が悪化していきますと、素直に「生かされている」とは思えない人が増えていくことでしょう。

でも、本当に私たちは、神様に頼み込んで生まれてきました。

「今度こそ、チャンスをください！」

「どんなに厳しい条件でも、構いません」と。

神様は、

「本当かい？　では、観させてもらうよ。裸で行き、裸で帰っておいでね」

と、その魂を現実界に降ろしてくれます。

そして、私たちは記憶を消された状態でこの世に誕生させられます。神様が具体的に干渉するのは、ここまでです。


素《す》の状態で生まれた魂が、短い一生の中で何を実行し、何を心に刻み込むのか、最後まで手助けをせずに黙って見ています。本当の神は、途中で手助けはしません。

人の生死よりも、この魂の旅行での途中過程である「今」が神様には大事なのです。過去や未来よりも、今、人間が心に思うことがすべてです。人間が今、考え思うことがすべてリアルに神様に届いています。そして、それが神に反映して、すべての現実界に再転写されています。

神様は、現実界で生きるために、たくさんの道具を使用する「自由」を魂に与えています。良い道具も、悪い道具も自由に使えるのです。これは、あまりにも自由すぎて、逆に怖いことです。

中には、神様でさえ自分の我欲のために使おうとする人間もいます。もちろん、他の魂を助けるために、良い道具を使おうとする人間もいます。

色々な道具を、結局「何のために」利用しようとしたかが重要であり、このことを神様に観られています。

その人間が、他人を騙《だま》してでも利用しようとしたのか、逆に他人のために自分なりにがんばったのかも観られています。

「自分の苦労は、他人にはわからない」と思う人は多いでしょう。

そうです。他人にはわかりません。

ただ、現実には自分が凄く不幸だと思っているAさんの不幸は、Bさんにとってはたいした不幸ではないことが多いのです。Bさんは、もっと大変な不幸と苦労を経験したのに、楽しそうに見えるだけなのです。

現実界には、不幸なことがあるのは事実です。

でも、自分こそは世界一不幸で、最強のかわいそうな子チャンだと思うならば、これは大きなチャンスです。

もし、この状態から生きている間に、自分はこれでも生かされてきたんだと、現状と、すべてに感謝できる心になれたならば、これ以上の素晴らしい魂の成長はありません。


人生は、落差のギャップが美味しいのです。

良いこと、悪いこと、両方経験してこそ本当の幸せを理解できるのです。


今、苦しい人は、大きな幸せを得られるチャンスです。

今、幸せな人は、その幸せを失くさないように日々感謝することです。

ただ大事なことは、消え去る品物に幸せを見てはダメだということです。

それはニセモノの幸せです。

「どんな状況であれ、本当の幸福へと向かう」法則

人間は現実を直視するのを避けて逃げることが好きです。


「こんな自分は、本当の自分ではない」

「もっと役目があるはずだ」

「なんて自分は不運なんだ」


これらの不満の矛先《ほこさき》を、自分や他人に向ける人がいます。

また、不満の矛先を自分や他人ではなく、深層心理で親や先祖に向ける人も見かけます。そのような人は、見えない霊的世界、スピリチュアルな世界へと逃げ道を探します。

しかし、本当にそれで良いのでしょうか？

私たちは、今、自分が存在している奇跡中の奇跡に気がつかなければいけません。

私たちが、この世に生まれることができたことも奇跡ですが、他者からのお世話なしでは死んでしまう、赤ちゃんの数年間を経験し終えているのも奇跡です。深い意味で駆け引きなしの愛情が存在した結果です。

どんなに現状が不幸であろうと、すでに全員が奇跡を体験してきているし、今も継続中なのです。

私たちが生きているこの環境は、偶然の産物ではありません。引力や、磁場、太陽光の波長が少し変化しただけでも、今の生物は生存できないことになります。

私たちは、ある〝意志〟により生かされています。

生かされた上で、個人の願望・欲望・怒り・悩みを繰り返しています。

この環境の中で、永い年月の間、輪廻転生《りんねてんしょう》を繰り返して、現在の区切りの時代に生きているのです。

今、私たちが生きているのは偶然ではありません。意味があります。

私たちは、まず、生かされていることに感謝した上で、個々の目的を追求し、夢を追うべきです。

幸福であろうが不幸であろうが、まず、すでに生かされていることに気づき感謝する心、感謝できる心になることが大切です。

どのような境遇の人も、今、感謝できなければいけません。これができて初めて本当の幸福への第一歩が始まります。

今、この人生を経験する舞台が変わろうとしています。地球の温暖化を始めとした自然環境、地質、天候、気温の変化がそうです。

この動き出した舞台に対して感謝を捧げることで、変化を減速させるか、止めることができると私は夢想しています。

大昔の人間は、絶えず舞台への感謝を捧げました。最近は、舞台があるのはアタリマエで、各人が勝ち組になることばかりに夢中になっていないでしょうか。私たちがアタリマエだと思い込んでいるこの地球という舞台を維持し、そこに生存している人間を含めたすべての生命を生かしている存在の無条件な愛情に感謝することを忘れてしまっているのは、悲しいことです。

このアタリマエなことへの感謝を想起する人が、まず日本人の五パーセントに達すれば、その波動が世界に広がり変化は止まるでしょう。

「〝アタリマエ〟に感謝すると、地球が変わる」法則

「生かして頂いて　ありがとうございます」

これが、舞台に響く言霊《ことだま》です。

「生かして頂いて　ありがとうございます」には、〝自分のこと〟はありません。

自分一人が生かされていることへの感謝ではないのです。

人間を含めたすべての生命が生かされていることへの感謝を一人ひとりが代表して思うのです。

悲しいことですが、人間は、「生かして頂いて　ありがとうございます」と日常の中で思えないのが現実の姿です。

今、私たちの多くは、苦しくても生活できることがアタリマエになってしまってい

ます。この世の悲劇は、根本的にはアタリマエなことを提供するために身を削る神への感謝をしなくなったことに起因しています。

太古の世界では、五穀豊穣《ごこくほうじょう》により生かされていることへの感謝だけを捧げるのが神祭りでした。これは、収穫の少ない年でも同じでした。

しかし、それが忘れ去られ、「個人の願望を祈ること」が正しい祈りとされてしまっています。これは悲劇です。

ただ、「生かして頂いて　ありがとうございます」と、日々、祈念すれば何も心配はいりません。この祈念を世界中の人間がするようになった時、世界平和は向こうから自然と来ます。

私は、まず日本人の五パーセントの方々が、「生かして頂いて　ありがとうございます」と、心中で思っても声に出しても良いですから、毎日の生活をしながら思いついた時に何回もこの感謝の言霊を想起し、太陽を感じた時にも想起して頂きたいと考えています。

感謝想起を始めるきっかけが、たとえ不純であったとしても、毎日の生活の中で感謝の磁気を空間に刻み込んでいくならば、段々と御自身で階段を上るように気づきが起こり、本当の感謝を体感するでしょう。

それは他人から与えられるものではなく、自分で勝ち取るものです。自分で味わうのです。

これが実現しますと人類の共有意識を通じて、いつの間にか人類は、それぞれの自分の宗教の神に感謝を始めます。

その時、地球の現状は変わります。

「〝泣きっ面に蜂〟を防ぐ」法則

地震や台風などの自然災害は、貧しい国や治安が悪い国で発生しやすい傾向があると昔から感じています。

もちろん例外もあるでしょう。でも、霊的磁気論からは、この相関関係が成り立ちます。

人間は一人ひとりが磁気の発生装置です。イライラ磁気を都市単位、国家単位で大多数の人間が保有した場合、このイライラ磁気の総量は大変なものです。電磁波を利用した軍事兵器を凌駕《りょうが》します。

人々のイライラが高じ始めますと、物を破壊したくなる傾向が人類の深層意識にはあります。ビニールの気泡シートを指でポチポチと潰《つぶ》すことも、ストレスの放出の一つです。

二十名いる部屋で、その五パーセントの一名でもイライラしていれば、部屋全体の空気は悪くなります。五人家族で誰か一人がイラつ（憑）きますと、家の雰囲気が悪いです。また満員電車内で心の平安を維持するのは大変です。

日本も不況が長引き、民衆の不満が蓄積していきますと、自然災害がさらに増える可能性があります。

まさに〝泣きっ面《つら》に蜂《はち》〟となります。こうなれば神も仏もいないと絶望する人も出てくるでしょう。でも、神仏は、すべての人の心の中に存在しています。いつも各人が自分の心の中に預かっているのです。

これはイライラ磁気により起こる物理法則だと割り切るべきです。だから逆に防ぐことが可能なのです。

各人の心を平穏にするために、人々の生活が安定する制度を作ることは、自然災害の防止には、まったく関係がないとされるでしょう。しかし、以上のような理由から自然災害、とりわけ大地震には社会の安定化が有効な対策となるのです。

しかし、人間はダメなものです。たとえ、このような良い社会制度ができたとしても、いつしかこれもアタリマエになり、また不満が出てきます。

やはり、不況の苦しい中でも、現状への感謝を思う人間が人口の五パーセントに達することにより、人類全体へ良い影響を深層意識下で呼び起こして、平和を維持する物理的磁気を発生させるしか道はないと感じます。

人間も地球から見ますと、大自然の一部です。太陽と大地の間に生える、歩く果実のようなものです。いずれ必ず腐り落ち、大地に帰ります。

大きく実り良い香りがする果実は、鳥を呼びます。果実は、鳥に運ばれることにより、違う場所へと旅をすることになるかも知れません。

どうせ腐り落ちる身ならば、大きく自分なりに咲いて見せましょう。

そして、再び旅をするのです。

第二章

慈悲の法則

相手を生かそうとする人は、自分も生かされる

「悩む時ほど、ただただ感謝を捧げる」法則

人間は目覚めている時には、絶えず色々な思いが湧き起こってきます。テレビを見ながらでも、絶えず漠然《ばくぜん》と違うことを考えたりしているものです。悩みがありますと何をしていても、それをしながら心の中では悩んでいます。

これを、「悩むな！」と言うのは簡単ですが、なかなか無理があります。ただ初期のうちは、身体《からだ》を壊すほどは悩まないでおこうとすることはできます。

今までの宗教では、ここで悩みに対して有料の色々な祈願や、行法《ぎょうほう》、呪文《じゅもん》を勧めてきました。有料であれば、お金を出したのだから効果があるはずだと、期待が湧き安心するのが人間というものです。

でもこれは、本人が悩みを解決する行動をする代わりに、他の何かに依存させて問題から逃避させているだけです。

例えば、目が見え出した乳児をあやすために、ベッドの上に回る飾りを取り付けますね。乳児は、注意を引く目のやり場がないと泣き出すからです。別の何かに注意を引かせると泣かないのです。

生まれたばかりの無垢《むく》な心ですから、これは人間の本能です。この本能を大人になってからも、利用されて誤魔化《ごまか》されています。

不可思議に期待して金銭を出すことで、問題から逃避してはいけません。

釈尊は、あらゆるすべての荒行や修行法を実践してみて、それがあまりにも徹底していたために、体力をなくして死の手前まで行かれました。その時わかったことは、宗教的な修行や苦行では、悟りを得ることはできないということでした。

そして、本意ではないが死を受け入れて待っている間に、見かねた他人から恵んで頂いた乳粥《ちちがゆ》を口にした時、その人の慈悲心に心を打たれて悟りの片鱗《へんりん》を観たのです。

釈尊は、他人の慈悲心を受けて、心も身体も救われたのです。

自分が他人を思いやる慈悲の心を育てると、なぜかすべてに感謝する心が生まれてきます。逆もあります。

すべてに感謝するように日常生活の中で心がけると、慈悲の心が育ちます。

悩みに対しては、

（1）生かされている上でのことと受け入れて、永久に続く悩みはないとの立場に立って悩みを見て、逃げないこと。

（2）先祖霊と自分に縁のある諸霊に感謝の気持ちを捧げること。

（3）神様へ、ただただ感謝をすること。

この三つが大切です。

これらにより、天と地、自分と精霊の三つが正しく働き、作用して、それぞれの現状に現れてきます。

「働く人の慈悲に触れることで、人は救われる」法則

釈尊は、断食《だんじき》と瞑想《めいそう》を死ぬ寸前のギリギリまでトコトンやり抜きました。しかし、最後まで心にある宇宙と一体となる感覚を得られませんでした。釈尊でも瞑想修行ではダメだったのです。

修行を諦《あきら》めた釈尊はすでに動く体力がなく、木陰に横たわり、薄れゆく意識の中で、静かに死が訪れるのを待っていました。

そこに通りかかったのが、最下層のカースト身分である働く一人の女性でした。女性は、ぼろぼろに痩《や》せこけた釈尊を見て、とてもかわいそうに思いました。女性の仕事は厳しい肉体労働で、賃金は少なく、毎日の食事にも事欠くような貧しい生活でした。女性は自分も疲れて空腹でしたが、釈尊を見捨てることができずに、その日やっと手に入れた乳粥を差し出して立ち去りました。

働く女性の慈悲に触れた釈尊は、その後にポンと内在する宇宙に溶け込みました。その女性も、その後に絶対の安心の境地に自然と至りました。

これは伝承とは少し違う、私の感じる女性スジャータの物語です。

普通は釈尊ばかりに注目がいきますが、私はこの女性に大いなる救いのヒントがあると感じます。

精神世界で楽に飯を食う、教祖や先生たちは労働を軽視することでしょう。

しかし、働く人から慈悲を受けると救われるという、この意外な関係は、現実界に現れている神様の意志から判断すると正しいのです。

その神様の意志とは、働く人たちが支えることで初めて、この社会は存続することができるということです。

労働には色々とあります。

専業主婦の毎日の家事や育児も、向上心を持てば大変な重労働です。家賃収入で生活する人も、それなりの苦労と心労があります。

失業中の人、病気や怪我をしている人も、身近な人に自分ができることをすることで立派に働いています。

釈尊でさえ単独では悟ることができずに、他人との触れ合いにより悟ったのです。しかも、その相手は霊的な師匠ではなく、求道とは無関係な庶民であり、その悟りをもたらしたカギは他人の慈悲心だったのです。

私たちも毎日の生活の中で、スジャータのような慈悲の心を育てていきたいですね。

「望まなくても、与えられる」法則

毎日ブログを書き、読者の質問や相談に答えていますと、よく「たくさんの人々から色々な思念を受けて大変でしょうね」とか、「悩みの相談を受けると、身体が大変では？」と、御心配を頂きます。

しかし、実際の私はブログを始める以前と何も変わらない普通のままです。年に何日かだけ記事の更新を休みますが、それは旅行や出張のためであり、病気などの健康問題で休んだことはありません。

たくさんの悩みの相談が、ブログのコメント欄に日々寄せられています。その中には投稿者の希望で不掲載にするものもあります。できれば、私がすべて目を通しているので、他者の学びのためにも公開させてほしいとは思います。でも、嫌がる気持ちもわかります。

そのようなたくさんの悩みの思念を受けても、私は平気なのです。

なぜなら、それを読んでいる時に自分がないからです。

もし、私に自我や目的、我欲があれば、一ヶ月も身体が持たないでしょう。何か隠した交換条件があったり、有料であったりしたならば、霊的干渉を受けて自壊することでしょう。

私が他人の悩みを聞きますと、私の中に内在する観音様が出てこられて、悩みを聞いています。

要は、他者への純粋な慈悲心でする行為には、正しい神仏の加護が望まなくても与えられるのです。

これは皆さんも、まったく同じです。

自分が預かる神仏を御出しすれば、自分も守護を受けるのです。

お金を出せば守護神を授けるとか、守護霊を付けると良いからと大金を搾取《さくしゅ》する人間がいますが、まったくのデタラメです。ウソです。

憑《つ》くのは、霊的なマイナス磁気の垢《あか》の固まりです。そんなゴミを大金で買わされると、不運・病気に自《みずか》ら向かうことに必ずなります。

厳しい言い方をしますと、それも自業自得《じごうじとく》です。自分で生まれる前に挑戦すると決めてきた人生苦から奇異へ逃げたためのバチかも知れません。

正しい観音様も神霊も、すでに皆さんの中に存在するのです。外から来るのでは絶対にないのです。

外から来るもの、ましてや人間の手で金銭と交換で憑けられるものには、ろくなものがありません。危険な汚いものばかりです。

自分自身が他者を助けたいと心から思えば、自分の中に存在する観音様が出てくるのです。

観音様の守る力、何でも受け切る力は偉大です。特に現実界へ作用させる力は、神霊を凌駕《りょうが》するかも知れません。

これは、観音様が現実界の人間の味方だからです。

「相手を生かそうとする人は、自分も生かされる」法則

私が太陽を拝した時、日輪の光と共に浮かんできた言霊は、法華経に明記されている経文とは少し違います。

南無〝観世(完全)音〟菩薩　念〝波〟観音力
ナムカンゼンオンボサツ　ネンパカンノンリキ

「完全なる音（言霊）を讃えよう。観音様の願い（＝人々を助けたいという思い）が波となり力を現すでしょう」
「世の中の叫びの声（音）を観聞《みき》きし、他者を助ける力となりましょう」
などと響いてきます。

観世（カンゼ）ではなく完全（カンゼン）、念彼（ネンピ）ではなく念波（ネンパ）です。

私が古くからある呪文《じゅもん》と祝詞《のりと》の中で唯一認めるのは、この観音様（十一面観音）を表す呪文と大祓詞《おおはらえのことば》だけです。名称は何であれ、その他の呪文や祝詞は、過去に蓄積された不要な磁気を掘り起こします。

掘り起こされた垢磁気に触れて感じる「違和感」を、正しい神仏に触れたと勘違いしている自称専門家が大半です。

それらの呪文や祝詞には、働かされた眷族《けんぞく》たち（色々な生物の姿で現れる霊的存在）や、封じ込められた存在たちの怨念《おんねん》が蓄積しています。

呪文や祝詞が使用された場面を想像してください。

その大半は、色々な問題に直面した人間によって、自《みずか》らの欲望を満足させるための道具（手段）として使われてきたのです。金銭と引き換えに、片方に加担する不公平な呪詛にも利用されてきたのです。

嫌な場面で多用されたものには、たとえ言葉であっても、その時の磁気が蓄積していて、唱える人にリピート再生します。感謝のみを捧げるために使用されたことが少ない呪文は、霊的な汚染がされているという現実があります。

このような余計な磁気に触れている限りは、自己に内在する「他を慈《いつく》しみ包む心」は顔を出しません。

逆に、他者を祓《はら》いたい・避けたい・攻撃したい……心と行動が現れてきます。憑《つ》かれた人になります。

迷う霊や攻撃する生霊を受けた場合、これを呪文や祈祷《きとう》で祓い封じ込めたいと考えてはいけません。また、怖がり逃げたいと思ってもダメです。

これでは相手に波長のダイヤルを、自ら合わせようとする行為になるからです。

「波長が合わなければ受信できない」のが、現実界と他の次元のいずれにも共通する宇宙法則です。

向かってくるものには、愛情をかけて溶かしてやります。迷うものには、慈悲をかけて安心させてあげます。

しかし、愛情や慈悲をかける手段、イメージがわかりにくいでしょう。そこで相手に向かいながら、相手と自分の両方を共に「生かして頂いて　ありがとうございます」と、相手の分も含めて、感謝を天地の神様に捧げるのです。ここで、「相手を生かそうとする人間は、自分も生かされる」という宇宙法則により、大きな神霊が発動します。

小ざかしいママゴトのような呪文を吹き飛ばす、絶対的な神力《しんりょく》が動きます。

観音様の力は、自分が助かりたい、救われたいと思う間は出てきません。他者を助けたいと自分が思った時に、観音力が現れて相手と自分の両方を助け、生かします。これが、観音様の力を引き出す極意です。

私はめったに「南無〝観世（完全）音〟菩薩　念〝波〟観音力」を唱えません。普段の感謝想起で感謝磁気を蓄電しておき、ここ一発の時に観音様を呼ぶと、自分の霊体が鋼《はがね》のように変わります。

皆さんも生活の中で感謝の磁気を蓄電しておきましょう。

「人生最後の心境が一番大事」マザー・テレサの法則

マザー・テレサは、道端で死にかかっている人々を集めて介護をして、たくさんの人々の最期（命の終わる時、臨終）を看取《みと》りました。

マザーの元に来る時点で、だいたいの方の死期は近づいていました。マザーは、いつも「ある想い」で心中を満たすことを意識して、介護にあたっていたようです。

その想いとは、

「行き倒れている人は、皆さん生まれてから愛情をかけられた経験もなく、ゴミのように扱われて生きてこられました。最後は道端のゴミとして終わろうとしています。せめて最後の瞬間ぐらいはたくさんの愛情を受けて、自分がゴミではなく人間なんだと思いながら旅立ってほしい」

というものです。このような彼女の想いと願いが、私には感応《かんのう》してきます。

だから、末期《まつご》の方々が色々な我がままを言っても、それが逆に彼女には嬉しかったようです。もっと甘えても良いよと。

これは霊的に見ても大変に素晴らしいことです。

人間は、人生最後の心境が一番大事です。人生の途中での栄華や苦境などは、あの世へ旅立つ時には関係ありません。最期の瞬間に、他人からの慈悲と愛情に包まれて逝《い》くことができたならば、それまでの悲惨な人生も祝福に変わります。

たとえ最期を一人きりで迎えたとしても、「よく生きた、十分だ」と自分で本心から満足できれば最高です。

しかし、これが難しいのです。

いよいよ最期の時は、それまでの自分の生き方すべてが心に反映してきます。

自分に嘘はつけないのです。

誰にも知られていなくても自分に後ろめたいことがあると、やはり死期が近づくにつれて、懺悔《ざんげ》と後悔の思いが浮かび上がってきます。

もし、悔やまれる過去があるならば、普段の思い出した時に自分なりの謝罪の磁気を置き、それがあるから今の自分が存在することができると感謝の磁気を発することです。

そして、その嫌な過去の代わりに何か自分ができる善行を、生きている間にすることが大事です。

このような過程を経ると、いよいよ最期の時は自分のできることはしたという「潔《いさぎよ》さ」が出てきます。

安心の境地になれるのです。

苦労をしすぎた人の中には、認知症になる人が多いようです。これは神の恩寵《おんちょう》かも知れません。

死を迎える前に、苦しかった過去の思い出の磁気から離れるために。

亡くなる直前の人がマザーの手を握り、無言のままマザーの目を見つめるその瞳には、マザーへの感謝の磁気が溢《あふ》れています。

感謝の磁気を自《みずか》ら発しながら、この世を去るのです。

感謝が溢れた世界へ引き寄せられることでしょう。

第三章

思いやりの法則

見返りを期待せず、思いやりの気持ちで与える

釈尊直伝！「心の苦しみを滅する」法則

釈尊が悟りを開いたとされる日を記念して、成道会《じょうどうえ》の法要が、毎年十二月八日になると各地でおこなわれます。

悟りを開いた……、私たちが聞きますと、

「何か意識が突然に変化した日なのだろうか？」

「見えない世界が見えた日なのだろうか？」

などと想像します。

しかし、残念ながら違うようです。

私が感じた様相は、釈尊が決意をされた日でした。

「この世では自分自身を信じ、自分の良心を拠《よ》りどころとして、他人を当てにはしないでおこう」と決意をされた日です。

釈尊は、動物のサイのように脇目も振らず、ただ真っ直ぐに自分の「良心」の感じるままを信じて進んでいこうと決意をされたのです。

では、この「良心」とは何でしょうか？

他人に「これをしてあげれば、あの人のためになるなあ」とか、「これをしては困るだろうなあ」と他人のことを気づかう、誰にでも生まれながらに授かっている「思いやり」のことです。

どんな非道な犯罪者にも普通の人と共通な「良心」があります。ただ、「良心」に従わないだけです。

「思いやり」とは、根源存在が人類に分け与えたものです。

釈尊にとっての他人への「思いやり」は、人間の心の苦しみを滅《めっ》する方法を人々に伝えていこうと決意したことです。

それが本当の意味で、人々のためになると思われました。

そのためには自分の持つものはすべて捨てていき、身も心も他人に捧げていこうと決意されました。


釈尊は人間の心が苦しむ大きな原因は、執着《しゅうちゃく》することだと言いました。好きな人に執着すれば、失った時に苦しむ。財産に執着すれば、失うことを恐れて苦しむ。社会的地位や外見に執着すれば、それを失うことに苦しむ。

では、これらに執着しないためには、どうすれば良いのでしょうか？

持つ間は縁として感謝しながら共に楽しみ、いつでも他人に与える気持ちでいることだと伝えます。


他に頼らずに自分の「良心」を頼りにして生きていきますと、不思議なことに物事の隠れた面を感じ出します。

何となくわかり始めるのです。

ある意味、正しい霊的世界を感じて物事の本質が見え出します。

自己の中に大きな視点が芽生え始めるのです。

「良心」は、宇宙を創造した根源存在の思いですから、当然なのかも知れません。

人間は自分の「良心」に従って生きていこうと決意しても、「良心」に沿った実際の行動ができないものです。

たとえそれで挫折《ざせつ》しても、その都度、決意をし直していけば良いのです。

「良心」に沿った行動を目指して歩いていきますと、その歩いた道の軌跡は、細かい修正がありながらも、サイが歩いたように真っ直ぐな道になっています。

「〝死〟に際して迷わず、大安心する」法則

人間は死ぬ時、たった一人で死んでいきます。その、いよいよの時、何が自分の頼りになるでしょうか……。

凄《すご》い霊能者を知っていることは、支えになりますか？
素晴らしい教祖の信者であることは、支えになりますか？
〝魔法の言葉〟を知っていることは、支えになりますか？
霊験あらたかな神社や寺院を信仰していたことは、支えになりますか？

自分以外の存在、物を頼りにしていると、本当のいざというよいよの時には、不安になり迷うことになります。
自分の内ではなく、外にあるものを頼りにしていると、いよいよの時は化けの皮が

剥《は》がれるように、支えにはならないことを知るでしょう。

自分の外にあるものを頼りにする限り、いざという時には何の支えにもなりません。

人間は、自己の心に神仏が存在することを感じることさえできれば、本当に安心することができます。死が、いよいよ自分に迫っても、「それも良かろう、神と共に遠足に行くだけだ」という心境に必ずなれます。

このようになるには普段の生活の中で、自己の心に預かる「内在神」を意識しようとする習慣が、やはり大事なのです。

絶えず移り変わる目先の事象《じしょう》に一喜一憂《いっきいちゆう》して時間の経過に身を任せている人間と、普段の生活の中で自己が預かる心の神を意識した生き方をしている人間では、安心感の蓄積の開きは人生の最期の時、大きく出ます。

何も難しいことではありません。

すでに述べたように、これをしたら他人に迷惑をかけるとか、こうしたほうが他人に喜ばれるとか……、他を思いやる心が良心です。

この良心が、すなわち内在神なのです。

わかっていても実行できないこともありますが、良心を大きくしようとする努力はできます。それは、他人に思いやりを「配る」「与える」ことを、普段の生活の中で心がけていくことです。

どんなに地位や名誉があり財産を貯め込んでいようとも、あの世には何一つ持っていくことができません。持っていくことができるのは、良心だけです。

閻魔様《えんまさま》に「何だ、その小さい良心は?」と、笑われないようにしたいものです。心に預かる神を意識することがピンと来なくて難しいならば、日常の生活の中で自分自身が生かされている有り難いことを探すことです。

この言霊を想起すると、よく発見することができます。

その言霊は、「生かして頂いて　ありがとうございます」。

「見返りを期待しない、自己満足の善行が良い」法則

ブログ読者の方から質問を頂きました。

「自分の良心は間違っているのでは？　と不安になります。良かれと思ったことが、どうでもいいことに思われたり、利用された形になったり。これも修行なのでしょうか？　人を信じたり、思ったことを素直に表現することができなくなってしまいました」

「自分自身が良かれと判断して実行した結果が、他人に評価されなかった。逆に付け込まれて、自分が利用されて不満です。物事がうまくいかないのは、神が与える試練でしょうか？　他人を信じられず、何もしないことを選択してしまいます」

……と、あえて大げさに書き直してみました。

たとえ相手に対する思いやりの気持ちがあったとしても､自分が他人にした行為に､見返りや期待の思いが心中にあると、このような感情を持つことになりがちです。たとえが悪いですが、お金を他人に貸す場合は、返してもらえない可能性もあることを覚悟できる人だけが貸すべきだと、世間ではよく言われます。

返してもらうことが必須の前提ならば、後でトラブルになり、貸した本人も苦しむことになります。

他人への善行は、相手には迷惑なこともあるでしょう。相手の立場を深く考慮せずに、自分の独善感での自己満足もあるものです。逆手《さかて》に取られ、非難もあるでしょう。

しかし、私は自己満足の善行で良いと思います。

「他人」にしたことが大事なのです。評価の是非《ぜひ》は別にして、他人のための行為を思いやりの気持ちをもって空間の磁気に刻み残すことが大事です。

ただし、相手からの良い反応も期待しないことが大事です。

例として、親子間を考えてみましょう。

親が子どもに相談せずに、高価な服を買ってきたとします。子どもはその服を見て、こんな服は嫌いだ、絶対に着ない！　と見向きもしません。無理に着せようとするとケンカになります。

親にすれば似合うと思い、着た姿を一目見たかっただけなのです。

後年、親が死んだ後にタンスを整理すると、昔に大ゲンカして一度も着なかったその服が大事に保管されていたのを見つけます。

すでに人の親になっていたその子どもは、涙を流し親の愛を思い出します。

要は、他人からの評価には時間差があります。

すぐに良い反応が得られないからと、悲観してはダメです。自分が良かれと思い他人へした行為は、最初は罵倒《ばとう》されても、時間が経てば必ず相手の心に引っかかり気になるものです。

なぜなら、「自分自身に関わってくれた」からです。

他人と関わらない人生の選択は、内在神からも離れます。

・ケンカ？　良いではないですか。相手が必要です。

・騙された？　良いではないですか。次から相手を観ましょう。

・悪さをする知らない幼児がいたら、その幼児を叱りつけて嫌われてやりましょう。

他人の子どもを諭《さと》さず、無視する大人が多い社会は冷たい社会です。

「風水や外在神に恩恵を受けた人は、返すべき時が来る」法則

二〇〇八年からの地球の霊的地磁気の乱れ、いや、転換を観察していて感じますことは、すでに地磁気の逆回転が始まっているということです。

つまり、風水や外在神信仰により、実際に恩恵を受けた分は、逆に吐き出す法則が発動しているのです。

昨今の世界経済の停滞も、この現れの一つです。このほかに、地磁気の逆回転によって実際に生じた弊害《へいがい》としては、イルカやクジラ類の海岸への上陸による大量死という現象を挙げることができます。

風水をしたところで、その恩恵を全員が手にするわけではありません。欲得祈願しても叶《かな》えられなかった人が大半です。幸いにも……。

不幸（？）にも交換取引が成立して風水や祈願から恩恵を受けていた人は、その分を吐き出して返す境遇になっていきます。

逆に言えば、目に見えない世界に頼らず、不器用とも思える純粋さで努力を重ねてきた人には、報われる境遇が現れる磁場の流れでもあります。

これからの世界は、他人に物質を与える以上に、思いやりの気持ちを「配る」「与える」行為が循環して自分に戻るように働く磁気の流れです。

日々の先祖供養も、すでに亡くなられた目に見えない人たちを思いやり、感謝の気持ちを配る行為です。同じように、神様にも感謝の気持ちを捧げることです。

他者に思いやりの気持ちを与えていれば、特に望まなくても現実界では何かの良い形で自分自身に循環してくる法則が発動しています。

自分の現状が苦しければ、何かをもらいたい、助けてほしいと目に見えない存在にすがることになりがちですが、これからの現実界の磁気の流れに逆行することになりますので、逆に苦しさが増すことになってしまいます。

自分が助かりたければ、生者・死者両方を自分が「助ける」心がけを「自分なりに」持つことです。

苦しい中でも、このような心がけで生活していると、望まなくてもナントナク助けられていくことになります。初めに家族に対しておこなってみますと、よくわかることでしょう。

これからの時代の新しい生活の知恵かも知れません。

第四章　合わせ鏡の法則

神仏や先祖に捧げたものは、自分に返る

「心身ともに健康に明るくなる」法則

人生とは一筋縄で行かず、本当に面白いものです。そもそも、この現実界を去る時は、私たちは何一つ持っていくことができません。裸《はだか》のまま必ず一人で死んでいきます。

その持参することもできないカネ・モノ・ヒトなどに囚《とら》われて生きている間は、争ったり、罪を犯したり、悲しんだり、と私たちはしてしまいます。いずれ消えていくもののために、神様をも利用し、自分の命でさえも粗末にしようとしてしまいます。

生きている間は、この幻とも言えるカネ・モノ・ヒトに対して、執着せずに大いに楽しむことができれば理想かも知れませんね。

もっとも、ただ一つだけ私たちが死後、あの世に持参するものがあります。それは、すでに述べたように、あなたの良心、すなわち、あなたが預かっている内在する神様です。生きている間に、この内在神をどのように育てたかが問題です。怒りや悲しみの感情は、内在神を傷つけます。

人間の霊体とは不可思議なものです。自分の心の状態が霊体に反映することにより、現実界の個性ある生き物の姿を、自分の霊体が自然と形成することがあります。

例えば、感情にはクセが生じるものです。怒りグセ、嘆きグセ、非難グセ、逃避グセ、恨みグセ……、色々あります。自分で抑制せずに怒ってばかりいますと、怒りグセが本当につくものです。些細《ささい》なことでも、怒り出して収まらなくなっていくものです。怒っている最中は、もう一人の自分自身が状況を傍観していて、怒りに身を委ねることを心地良く感じていることもあります。何かに憑依《ひょうい》されているように……。

そのような状況の霊体には、本当に頭部に角が生えているものです。

また、かなり昔の些細なことを思い出しては、恨みに燃えることができる人もいます。他人には、その内容のどこに問題があるのかさえ理解できない内容でも、その人は真剣に恨んでいます。そのような人の霊体は、蛇《へび》の形象《けいしょう》を帯びつつあります。

そうなってしまいますと、自分でも自制が利かなくなります。

感情のクセは、自己努力で好きなように形成することができます。つまり、自己責任でもあります。

心の中に蛇や鬼を育ててしまうと、内在神を傷つけてしまいます。内在神を傷つけると、必ず肉体にも反映して病気となり現れます。これは、自己努力で防げることです。

「生かして頂いて　ありがとうございます」

この言葉は、感情に良いクセをつけてくれます。

そして、心身ともに健康になります。

「悩む間は動かない」法則

転職や離婚を「する」「しない」と悩む人が多いです。
悩む時点で、次の先行きもまだ見えない、自信がない状態です。
人類と他の生物との大きな違いは、空想する能力と悩む能力の有無です。これが良くも悪くも作用します。

動物は、ある意味でカンナガラ、すなわち神と共にある状態です。悩まずに「正しい本能」で行動するからです。今しか見ません。ストレスを感じた場合、感じない方向に自然と進みます。

社会の中で生きる人間は、この正しい本能に自信が持てずにわからないのです。正しい本能を発揮させる手段の一つが、余計な磁気を軽減させる感謝の先祖供養と感謝想起です。

自分自身が生かされている原点の視点から出される磁気の下《もと》では、悩みの対象を冷静に見ることができます。

感謝の先祖供養と感謝想起を続けて、感謝磁気を蓄積させている状況下でも転職や離婚を考えるならば、その決断により、自分の生活で変わることを全部紙に書き出すなどして、その後の生活を具体的に想像していけば良いです。

転職や離婚後の生活に自信が持てない間は、動かないことです。

感謝の磁気を蓄電させる行為の下《もと》で、「悩む間は、動かない」。

感謝の先祖供養の実践下でも悩む場合は、先祖霊（＝守護霊）からの反対のサインであることが大半です。

迷っている最中に、宗教団体の先生・霊能者・ヒーラー・占い師などのような、他人である有料の先生に判断を委ねれば、余計な垢磁気が追加され、先祖の正しい知らせも届き難くなります。

それどころか、有料リピーターとして食い物にされる人生へと引き寄せられます。悩みの解決どころか、人生の新たな障害を自《みず》ら増《か》やすことになり、後で後悔する結果を招きます。

家系の霊線（先祖からのエネルギーを子孫に流すパイプ）のつながりのゆえに、常に自分の生活に密着している先祖霊はすべてを見ています。統計学や霊能者による一時的な気分に基づいた、利益目当ての助言などはデタラメです。

迷い以外の何物でもありません。

感謝をしながら自分自身で大いに悩み、決断することが大切です。

これらの努力をすればするほど、後に後悔は発生しません。自分でやるだけのことはやり、その上で大いに悩んで導き出された結果は、後悔がなく潔《いさぎよ》いものです。

これが中途半端であると、もし、あの時……していればと悔やむことになります。
ましてや、他人の一時の助言で決断したならば、必ず後悔をします。
もっと良い道があったはずだと。

どの道を選んでも苦労はあるものです。

「助けた者こそ、助けられる」法則

現実界で生きている間は、私たち一人ひとりは、嫌でも家系の霊線と接続されています。霊線が切れた時は、肉体の死を意味します。

悩みや迷いを解決するための答えをわざわざ他所《よそ》に求めなくても、先祖供養を通じて流れてくる自分の気持ちの変化に従うのが最善です。もっとも早く安全に現実界での変化と効果を現します。

霊線の中で安心している先祖霊は、現実界に近い次元にいるために、子孫に対して実践的な干渉ができます。また、人生を経験した時代が現在生きている私たちと近いために、正確な正しい干渉が可能です。

高度な次元の神霊は、逆に現実界との波長が合わずに干渉できませんし、個人の細事には無関心です。

　また、時代錯誤なズレもあります。

　十年前にこの世を去った魂と、三千年前にこの世を去った魂とを比べた場合、今の私たちの現実生活に即したサポートができるのは、十年前に去った安心した境涯《きょうがい》の魂です。

　安心した先祖霊は、新たな旅のために家系の霊線を離れるまでは、生きている子孫を我が子のように支えてくれます。

　日常生活のすべてを見ています。

　感謝の先祖供養により、苦しんでいた先祖霊が楽になりますと、供養をしてくれた子孫を懸命に守り、恩返しをしようとします。

　日々の感謝供養を続けていきますと、十人、百人……と先祖霊が安心していき、供養実践者を守護する霊団を形成します。

これは親が子を本能で育てる関係のように、駆け引きや交換条件がない正しい守護です。

神様は苦しい現実界を生きる術《すべ》として、親と先祖霊を助けた者は助けられる法則を造ったのです。

第五章

同類引き寄せの法則

自分自身の心がけに見合った存在が寄ってくる

「自分と似た存在が寄ってくる」法則

人間は誰でも、親や先生に注意や叱咤《しった》を受けて成長するものです。怒られた時は、自分が怒られた意味が理解できずに、時には恨んだりするものです。長年にわたり根に持ち、大人になっても子ども時代のトラウマに無意識で苦しむ人もいます。

しかし、自分が成長するに従って、段々と、一つひとつの恨みが溶けていくことがあります。一番よく言われるのは、自分自身が人の親になって初めて、親の気持ちがわかるようになるということです。

子ども時代に受けた仕打ちは、大人になった今、考えても理不尽《りふじん》ではあるが、あの時の親の境遇を考えると、親も辛く病んでいたんだなと理解できる場合もあります。

中には、今になって親の気持ちがわかり、親に申し訳なくて涙する人もいるでしょう。

親が生きている間に気がつける人は幸いです。

大半は、亡くなってから思うものです。

私もたまに、「父親が生きている時に、もっと自分にできることがあったかなあ」と、父親に対する感謝の気持ちと共に振り返ることがあります。このように感謝の気持ちを持って思い出してあげることが父親に対する本当の供養だと感じます。

ただ、思い出してあげる時は、明るい気持ちでいることが大事です。それが故人のいる魂の世界に届きます。

もし、悲しい気持ちで思い出すと、その気を受けた故人は「おいおい大丈夫か？」と心配することになります。

私たちは生きていく中で、他人から批判や中傷を受けることがあります。これは仕方がないことです。

相手の心境が未熟な場合、反論したところで理解はされません。時が経てば、相手も変化していくものです。もっと悪い心境になられるかも知れないし、逆に心が成長されて、御自分の昔を反省されるかも知れません。もちろん、批判を受ける自分自身が未熟なこともあるでしょう。

現実界以外の他の次元は、似た者、同類が集まる世界です。つまり、境涯《きょうがい》の違う魂が接触することは、ほとんどありません。

上位の霊的振動数を持つ存在が、下位の振動数の世界へ降りることはできます。しかし、長くいることはできないようです。

一方、私たちが生きている現実界は、色々な次元・段階の魂が寄せ集まる世界です。我欲を満たすために冷酷・残忍なことをする人から、自分の身を顧《かえり》みずに他人を助けようと奔走《ほんそう》する人まで、様々な人々がひしめいているのは、この現実界だけです。

自分自身の心が成長するためには、他人からの善悪両方の刺激が不可欠なのが、この世界です。

心を成長させることができるのは、この現実界だけです。

他の次元では、神界も含めて心を成長させることができない法則があるようです。入界時の状態で固定されるのです。

「太陽霊光によるあぶり出し」の法則

現在は、この現実界に他の次元の世界から「自分自身の心がけ」に見合った存在が、寄ってくる時代に入っています。すなわち現在は、同類引き寄せの法則が働いている時代です。この法則には、太陽霊光の働きが大きく関与しています。

太陽から放出されている波動には、大きく二種類あります。太陽電磁波と太陽霊光です。太陽電磁波は物理的にも観測される粗《あら》い波動のものです。太陽霊光は現代科学では観測できない種類の波動であり、極めて精妙な波動をしています。

太陽電磁波は人間の肉体に作用し、太陽霊光は人間の霊体に作用すると、私は考えます。

この太陽霊光が人間の霊体の本性をあぶり出させるため、普段の自分の心がけに応じて、同類同士が磁石のように寄り合っていくことになるのです。

人は常に、落ち込んだり、悩んだり、怒ったり、過去に犯した罪を思い出したり……と、絶えず揺れ動き後悔しているものです。

そのような変化する心は、静かに眺めていれば良いことです。

これからは、未来の自分につながる「心がけ」が重要になってきます。すでに述べたように、この心がけに見合った霊的存在が寄ってくるからです。霊的存在も必死なのです。根源神一つと、生きている人間の世界（＝現実界）だけになっていくからです。他の次元の世界は最終的にすべて、この現実界に移ってきて無くなります。生きている人間は、諸神諸霊を背負って代表して生きることになります。

この心がけで大事なことは、無念のままで亡くなってしまった人々や動物たちのことを忘れず、自身の慈悲の心で供養することです。

もちろん、相手は亡くなっていますから、何の見返りもありません。期待してもムダです。ただ、この心がけで自身の「慈悲の心」が大きく育っていきます。

そして、大きな慈悲心を持つ存在が、その人に寄ることになるでしょう。

すでに亡くなった霊を供養すれば、自分に不利なことになるとか運勢が悪くなると心配する人は、何もしなくても同類引き寄せの法則により、これから同じように自分のことばかりを心配する霊が寄ってきます。

このような人は、感謝・線香・寄り代《よしろ》（短冊《たんざく》や位牌《いはい》）・言霊《ことだま》による伊勢白山道の形式の先祖供養は、しないほうが良いです。

自分と似た存在が寄るとは、素晴らしいことです。私は楽しみです。

あなたはどうでしょうか？

「他人の悪口を言うと自分が不幸になる」法則

楽器演奏や舞踏と神霊の世界は、古来より大変強い関係があります。

日本神話によると、天照太《あまてらすおほ》御神《みかみ》が隠れていた天《あま》の岩戸《いわと》から出てきたのは、アメノウズメの舞を見て喜んだ八百万《やおよろず》の神々の「笑い」と手拍子の「リズム」に惹《ひ》かれてのことでした。

これは、凄い秘儀を示唆《しさ》していると感じます。

皆さんの心の奥に隠れている内在神を、心の表面に御出しするためには、八百万＝たくさんの「笑い」「微笑み」と「リズム」＝美しい波長＝音楽＝言葉＝言霊《ことだま》が必要であることを示唆しています。

演奏や舞踏は技術面も重要ですが、演奏家や舞踏家の内面の世界が加味されるに従って、美しい芸術になっていきます。その人の顔の表情にも、内面の美しさが浮かんでくるものです。

たとえ無名であっても、内面的な美しさが滲《にじ》み出ている顔をした演奏家や舞踏家は、素晴らしい芸術家です。

私たちが口から出す言葉は、霊的磁気を帯びています。普段のおしゃべりで出している言葉も磁気を持ちます。つまり人は自分の話す言葉、おしゃべりにより発生する磁気に包まれて生きているのです。

では、黙っていれば、どんな磁気なのでしょうか？　黙っていても、心で思うことが磁気となり、その人を包んでいます。

ただ、現実界では心中で思った言葉よりも、声に出した言葉の磁気のほうが強く作用する法則があります。この言葉が持つ磁気を言霊《ことだま》と古神道《こしんとう》では表現し〝生き物〟と考えます。生きているように作用するものなのです。

しかし、言葉の磁気は消えていくのも早いです。心中から出る磁気は、即効性は弱いですが長く残存します。つまり、短期では口から出す言葉が、長期では普段の思念が私たちに作用するのです。

人を喜ばす言葉、励ます言葉、慰《なぐさ》める言葉を発する人間は、その内容に見合った霊的磁気を帯びているものです。穏やかな日常を生きていくことになります。

一方、他人の悪口、自分自身を非難する言葉、卑猥《ひわい》な言葉を頻繁《ひんぱん》に言う人には、悪口磁気が憑くことになります。この磁気が、その人の人体細胞に影響して顔つきが嫌味を帯び出します。

また、同類引き寄せの法則により、悪口磁気と同種な他の磁気を自分自身に引き寄せます。すると、悪口を言う人は他人から悪口を言われたり、不運なことが起きたりすることになります。悪口だけではなく、呪い、恨み……などの言葉や思いも、保有した本人がその霊的磁気に巻かれることになります。本人にとって良いことはありません。

加えて、他人の悪口を陰で言いますと、言われている本人の生霊《いきりょう》と、その人を守る霊的存在が一瞬で自分の所に来ているものです。そして、負の磁気の影響を自分が受けることになります。自分の磁気が強い間は影響が出ませんが、受けた負の磁気を中和するためにムダに磁気が漏電《ろうでん》することになります。だから、陰口が好きな人物ほど、自分の生命磁気が漏電していき、良いことがありません。

自分の命を削ってまで、他人の悪口を陰で言うことは損です。

陰で言わずに本人に直接言う場合も、もちろん生霊同士の相克《そうこく》は発生しています。しかし、陰口の場合は本人が知らなければ問題ないと考え、頻繁《ひんぱん》に言ってしまうものです。でも、実は生霊同士の打ち合いで生ずるエネルギーの消耗は、霊的には直接悪口を言い合った場合と同じくらい大きいのです。

陰口が全部本人に伝わっているとすると、それで相手が怒るエネルギー量を考えたら怖くなりませんか？　霊的には筒抜けで、口にしたのと同じなのです。人類は、心の奥では全員がつながっています。人類の中で出会い接触する人間同士は、凄く深い縁があるものです。

パソコンのＬＡＮケーブルのようなもので、あなたの大嫌いな人ともリアルで接続されていると考えるべきです。

私たちが預かっている内在神を心の表面に御出しするためには、普段から意識的に良い言葉を発することが大事だということ、また、悪い言葉を発していると、どんどん不幸になっていくということがわかって頂けたでしょうか。

毎日の生活の中で自分がどんな言葉を発しているか、振り返ってみることも大切ですよ。

「相手も救われ、自分も救われる」ストレス対処の法則

ブログ読者の方から、次のような投稿を頂きました。

「販売店で働いている私にとって、一番のストレスは嫌な客です。嫌な客が帰る時に背中に向かって、『生かして頂いて　ありがとうございます』と無理やり心の中で唱えるようにしています。まだ始めて一週間くらいですが、何より自分が落ち着きます」

これは、良い対処をされています。

この社会は、人が生きていく上で、ストレスが生じやすいようにできています。自己を高めるために、この環境を選んで転生してきたといっても過言ではありません。

他の次元のように似た者同士が集まる世界では、自己を高めることが難しく、惰性《だせい》的《てき》な反復に嫌気が差すようです。

感謝想起を知らない人は嫌な客を前にすると、心中では相手に罵声《ばせい》を浴びせていることでしょう。それが人間としては有りがちな反応です。

しかし、機械のように怒りの刺激を受けて、反応しているだけでは進歩がありません。相手に向けてバカヤローと思った気は、必ず自己に回帰してきます。

この世では自分が発する気持ちは、良いことも悪いことも自己に回帰するような仕組みに作られています。他人に向けて悪口や罵倒《ばとう》の気ばかりを出す人は、時間差を置いて気持ちが沈むようになります。

怒っても良いのですが、いくら自分が正しいと確信していても、呪詛や罵倒の気持ちの言葉を出していては、自分が損をします。

怒りのパワーでも良いですから、「生かして頂いて　ありがとうございます」と、相手に向けて感謝想起をすることで、霊的には自分も救われ、相手も救われます。

相手に非があるならば、改心させるような現象が実際に起きます。この読者の場合ならば、そのお客様は、なぜか「店員さんに言い過ぎたな」などと気になり出すでしょう。

逆に、自分自身に非があれば、「以後気をつけよう」などの反省の気持ちが起こります。

「理不尽な恨みに対処する」法則

では、逆に相手が自分に対して、理不尽《りふじん》な恨みを抱《いだ》いてきた場合は、どうすれば良いでしょうか？

この場合は最初に、自分自身に恨まれる原因はないか、反省する点はないかと振り返ってみます。色々考えて自分にヤマシイ点がないように改善します。それができたならば、霊的な防衛が許されます。

相手が特定できる場合は、

「◯◯さん、私から離れて、お帰りください。◯◯さんを、生かして頂いて　ありがとうございます」

と、心中で思うか、声に出して言ってください。

この場合、怒りの気持ちがあってもかまいません。

これにより相手に非があれば、相手が発した恨みの念が倍になって相手に返っていきます。神様から観て両方に非があれば、何も起こらないでしょう。

これは人の生霊レベルの対処ですが、世の大半のことは、これで対処ができます。

これは昔からある、政治家を攻撃する手口の「ほめ殺し」のようで、嫌味なことだと違和感を覚える人もいるでしょうが、この世はやはり厳しい世界です。甘く見たり油断したりすれば、何事もジェットコースターのように、上下が簡単にひっくり返ります。

「愛の力ですべてを受け入れ、包むべきだ」と言いながらもガンに冒され、最後は悲惨な気持ちでこの世を去ったヒーラーを大勢知っています。

人は、やはり強く明るく生きたいものです。
これらのことは、生きる上でのテクニックの一つと受け取って頂けたら幸いです。

「すべての人間関係を最善にする」法則

釈尊を罵倒し続けていた男が、ある日、
「なぜ、おまえはこうして連日罵倒されても言い返さないのか？」
と訊ねたところ、釈尊は次のように答えました。

「おまえが人に贈り物をして、相手がそれを受け取らなければ、その贈り物は誰のものか？」

これを聞いた相手は、自己の非を恥じたと言います。

つまり、贈り物（＝罵倒の言葉）は、自分自身に返品されるということです。
釈尊の死後、後世に伝わる伝記の中には、とても真理を含んだものが確かに存在します。この寓話《ぐうわ》も、そのうちの一つです。

他人からの罵倒の言葉には、罵倒する霊的磁気が含まれています。

その罵倒の磁気を他人から投げかけられても、自分の心に一点の曇りもなければ、「ああ、そうですか」と素通りします。反論する気も起こりません。

「ただ、誤解されているだけだから、後で理解される」

「自分が本心から正しいと思えるから別に構わない」

と思い、その投げられた罵倒の言葉に自分からの執着が生じないのです。自分に自信（自神）がある状態です。


投げかけられた罵倒磁気は、相手に受け取ってもらえなかった場合、生み出した本人に返ります。これは呪詛を返された場合、呪詛を最初に仕かけた本人に二倍の衝撃で返る霊的真相と同じです。

そして、罵倒磁気を発した本人が、その磁気を自分の身につけることになります。

これでは安定した心にはなれないものです。

怒りっぽい人は、ますます怒り出すハードルが低くなっていくものです。よくそれぐらいのことで発火できるなぁと感心するぐらいに。

そんな心では同類引き寄せの法則により、自分と似た者同士が出会うことになりますので、精神も肉体も傷つけ合うことになります。精神的にも肉体的にも、ますます辛い生活環境に変わっていきます。

他人から罵倒された時、自分でも悪いと気づいていたり、自分の心に少しでも自責の曇りがあったりすると、自分を弁護し守りたいという本能が働き、自分自身を正当化したい気持ちが生じます。そして、言い返して相手を罵倒したくなります。

これは、投げかけられた相手の罵倒磁気に反応して、磁気を受け取ったことを意味します。

こんな悪い磁気をお互いにキャッチボールしていては、第三者から見ると同類にしか見えません。

これらの諸相は、霊能者先生が悩める相談者から金銭を受け取ることが悪いことであるということにも通じます。

相談者の悩みの解決に神仏の名前を出し、不可思議を期待させて、その見返りに金銭を授受すると、相談者が持つ霊的因縁・霊的垢も金銭と同時に受け取ることになります。

稼げば稼ぐほど、先生には悪因縁と霊的垢が蓄積します。

問題は、神仏をダシにして稼いだ先生が地獄に行くのは良いのですが、知らずに先生に接触した相談者が、先生が持つ巨大な霊的垢の雪だるまに取り込まれることになるということです。

その結果、最初の一時的改善の後、先生に相談する前よりも深刻な状況に進み、恐怖感から余計に金銭を先生に差し出していくことになります。気がついた時には、お金も家庭も何もかも失くして泣くことになります。

これは、昔から長く繰り返されている実績あるパターンです。

もういい加減に自己が預かる内在神を信じて、人生を自分で生き切ろうとする人間が増えることを切に願います。

「良い志を持つと、稀有《けう》な改善が起こる」法則

人間は志《こころざし》が大事です。

自分みたいなダメ人間は、大きな志を持ったところでムダであると考えてはダメです。その人の普段の思いや行動に合う、霊的存在や現実の人物が寄るからです。

例えば、ギャンブルや飲酒への執着を持ったまま現実界をさまよう霊は、繁華街や馬券売り場などの周辺や飲み屋の店内に漂《ただよ》っているものです。

そこへ来る同じ嗜好《しこう》を持つ人物に憑依《ひょうい》して、霊自身の欲望を満たそうとします。生きる人間の肉体が、寄り代となるわけです。

このような現実界の行為に執着を持つ霊は、一時の代理人による体験を済ますと、すぐに憑依した人間から離れて、また違う人物を探すことを繰り返しています。

一時的に憑依された人間は、さまよう霊が離れても寄り代となった痕跡は残ります。するると、また違う場所でも同じような別の執着霊が、その痕跡に寄りやすくなります。そのような霊に寄られると、再びムラムラと霊が望む遊びをしたくなります。「ネオン街が俺を呼ぶ」と表現する人がいますが、これは霊的には本当だと思います。痕跡に同類の霊が寄ると、それが段々と心地良くなっていきます。

しかし、生きている人間が普段の思いや行動を悔い改めれば、霊の影響を受けることはありません。つまり、寄せつける原因は自分自身にあるのです。ここは、勘違いしている人が多いところです。

霊の責任にしたり、霊を恐れたりする必要はありません。自分次第だからです。ましてや、除霊などは間違った考え違いを起こす元です。運悪く憑依されるのではないのです。

逆に除霊すれば安心だなんて思ってはダメです。自分自身の思いと行動が変わらなければ、霊とのキャッチボールは止まりません。

除霊を受けると、このような浮遊する霊ではなく、その霊能者自身に固着している霊的な垢が憑いて、余計に厄介なことになります。定期的に通わされる羽目になり、お金を始め色々な物を霊能者に搾《しぼ》り取られます。

人間は何か人のために尽くしたいと思っていると、同じような志を持つ霊的存在が寄ります。その霊的存在が生きている人間を通して現実界に作用しようとするのです。また、自己が預かる内在神は、本人が良い志を持っていると表面に発露してきます。そして、本人の顔相も良いものに変化し生活環境も徐々に変化します。ただ、本人の志が悪いほうに変われば、元の悪い状態に戻るのも早いです。

人間はイライラしたり腹が立ったり悲しんだりしても良いのです。ただ、良くなりたいと思う志をなくさないことが大事です。

良い志を持つ限りは、同じく成長を志す霊的存在が寄るものです。

良い志を持ちながら、感謝の先祖供養と神様への感謝想起の実践行為の磁気を現実界に置いていきますと、半年単位で自己を振り返った時に、自分自身で改善点を認識できるかも知れません。

変化が起こるとは凄いことなのです。稀有《けう》なことです。

第六章　上書き修正可能の法則

生きている限り、いつでも努力で修正可能

「罪を犯しても、それ以上の良いことをすればよい」有り難い法則

人間は、自分の思い通りにいかない時、何とかしたいという思いから、神社への願掛けや、叶えてやれると自称する人間、または叶えることができそうな人間に頼りがちです。

まず、ここには逃避があります。

自分の努力では、とても無理そうだ。難しい。だから頼ろうと……。

この世で、自分の周囲に起こることのすべてには、原因があります。生活環境、健康、仕事、人との縁、食べ物などなど。

ただ、今の自分自身に生じている現象が、過去のどこからどのようにして生じてきたかという関連性を、自分では直接に認識することはできません。つまり、原因がわ

からないために不安になり、自分の不運を嘆くことになるのです。そして、その不運から逃げようと目に見えないモノに頼ろうとするのです。

悪い物事の原因が、自分の過去生のおこないから来ている場合は確かにあります。自分の記憶にはないので、なぜ自分がこんな目に遭うのか？　となるのは当然です。

でも、これを昇華（消化）しようと自分で決めて、やっとの思いでわざわざ生まれてきたのです。

記憶さえ過去生から切れずに認識できれば、喜んでこの不幸に耐えて、受け切ることができるのにと思うかも知れません。

しかし、これでは昇華（消化）力が弱いのです。ただの惰性《だせい》になってしまい、魂の成長にはなりません。昇華（消化）するために余計に永《なが》い時間が必要になるのです。今生で昇華（消化）できずに、ずるずると来世に持ち越すかも知れません。

要は自分に起こることは、良いことも悪いこともすべて受け入れて、逃げないことです。そして、どうしたら逃げられるだろうかと悩まないことです。

この世でなされる行為や行動は、いかに重要で痕跡を残すことなのかを、思い知らなければいけません。

悪いことをすれば、生まれ変わってでも償《つぐな》わなければならないのです。うやむやで消えることは、絶対にありません。

もし、罪を犯したなら、その分以上の良いことをすれば良いのです。罪の相殺《そうさい》は、因果の法則で許されています。

先祖供養や親孝行が大事な理由は、これらの因果の昇華（消化）をスムーズに体験させ、因縁を軽減させることができる大きな善の因縁をこの世で生み、悪因を相殺するからです。

もちろん、実際の行動による人助けの実行は、よりいっそう相殺してくれます。

もし、お金と引き換えに、あなたの悪因を取り除くことができると自称する人がいたら、

「とんでもない。せっかくのチャンスを、あなたにあげるのは嫌だ」

と言ってやってください。

たとえ苦しいことがあっても、この言葉を心底思えるようになれば、この世を楽しむことができます。

その言葉とは、

「生かして頂いて　ありがとうございます」

「今からの努力ですべてが改善される」法則

安心した心境になっていない縁ある先祖霊や、生前に知り合いだった故人の影響を自分自身が気づかずに受けていますと、理由なく自分の心が弱く苦しくなるものです。いくら薬を飲んだり話を他人に聞いてもらったりしても、根本的な改善にはなりません。

人間は生きている間は、もし、自分が死んでも子どもたちや知り合いに迷惑をかけるような存在には、絶対にならないと思っているものですが、これが難しいことなのです。

考えてみますと、生きている今だって人間は、あれが欲しい、これが辛い、あれは嫌だ、将来が不安で楽しくない、などなど不満な心を持ち他人に頼ろうとしています。死んだところで人間は、今とまったく同じ心境なのです。

ただ、肉体を失くした分、余計に生前の普段の思いが増幅《ぞうふく》されます。死んで苦しい状態ならば、遠い縁を頼ってでも、何とかして子孫や縁のある人にすがりつき、頼ろうとします。

生前の「生き方による縁」により、四十九日を過ぎてもこの世に対する執着ゆえに、あの世に旅立つことができなかった霊は、自力での旅立ちができなくなり、第三者からの供養、感謝の念を受けない限り現実界に固定されて漂う、供養を待つしかない「受け身の立場」の存在になります。

自分が死んだ後は、誰も供養してくれる人がいないと心配になる方がいらっしゃるかも知れませんが、大丈夫です。

生きている間に縁ある霊を供養し、安心させる因縁を現実界に刻んで残しておきますと、自分の死後は、その因縁により自分自身が助けられます。

他を助けようとする人は、必ず自分も助けられる因縁を知らないうちに残すのです。

この世でおこなうすべてのことは、良いことも悪いことも、ムダなく残さず必ず反射作用を起こします。ただ、自分の行為の反射作用が今の次元で返るのか、違う次元で返るのかがわからないだけなのです。

この世では、先行きの運命は決まっておりません。必ず努力による修正、緩和、改善、転換がされるのです。

中には過去生の反射がすべてで、今生は知らない過去からの反射を、ただ受けるだけの人生だと考える人もいます。そんな人生は、くだらん人生です。

今が過去生に縛《しば》られた人生だとすると、来世は過去生に縛られた人生を送った今生の反射でしょうか？

どんな来世になるのでしょうか？

そのような運命の法則は、ありません。
このような勘違いで尻すぼみの人生を送っていては、もったいないです。
罪を犯したならば、犯した罪を上回る善を成せば良いのです。
前世の悪い（？）反射を受けたと思うならば、堂々と受け切れば良いのです。
後から、いくらでも上書きをして修正する自由が、平等に誰にでも与えられています。
生きている限りは……。

「苦しくても、なぜか勇気とやる気が湧く」法則

親子の縁というものは、たとえどんなに仲が悪かろうとも、生きている限り切れることはありません。別居していてもそうです。

忘れたつもりになっていても、生きている限りこだわりは消えません。親が存在していなければ、自分も存在していない道理があります。

先祖霊と自分との関係もそうです。今生は、今の肉体を家系から借りている限り、霊線で先祖霊と自分自身はつながっています。先祖霊が迷いの波動を出していれば、自分もイラつく心境になります。

私たちは、生まれ出た限りは普通に、病気、別離、事故、失業……などのたくさんの問題に直面します。生まれ出る時の境遇は、前世からの絡《から》みや縁が強く作用します

が、生まれ出た限りは修行の意味からも、自分の努力幅が現実界へ投射・反映されます。

個人で違いはありますが、人生に影響する因子は自己努力が約八十パーセント、過去の因縁と自分で決めた運命が約二十パーセントだと大きい意味では言えます。

人生には自己努力が大事で、やはり大きく作用します。

問題は自己努力をする場合、自身の心の状態が弱ければ努力したくても辛くて、なかなかでき難いということです。

ここで、先祖供養が重要になるのです。先祖霊を慰め安心させると、自分自身も心が安定します。心が安定していると、この世で様々な問題が到来したとしても大きく構えて、

「何とかなる！　やり遂げてみせる‼」

と、勇気が湧き、努力することができるのです。

努力の結果は、時と場合により成功、失敗が色々あります。結果は重要ではありません。なぜなら人間は必ず死ぬ、有限な存在だからです。旅の途中での結果に囚われても意味がありません。すべては移り変わっていくからです。

重要なのは、自分が燃焼したかどうかです。燃焼できたかどうかは、他人の評価は関係ありません。自分との闘いです。

燃焼していない人は、たとえ人生をまっとうしても成仏はし難いです。ここに釈尊が、「人は安楽な職に就いてはいけない」とした理由があります。

人間は怠惰《たいだ》なサガ（性）を有するので、安楽な状態では燃焼し難いのです。

先祖供養さえすれば努力幅が小さくて済むとか、この世のアタリマエの出来事から逃れられると考えてはダメです。

たった八十年ほどの人生です。
厳しい状況を、明るく感謝しながらたくさん味わえた人は、魂の勝利者です。

「どんな悩みも加速する時間がすぐに解決する」法則

人生における悩みのほとんどは、時間が解決してくれます。

これは、この厳しい現実界で私たちが生きていくために神様が与えてくれた贈り物です。

自分なりの最善を尽くして生きてさえいれば、自殺まで思いつめるような苦しい問題も後年に思い出して、結果は別としても「良くやったなあ」と懐かしむ時が必ず来ます。

ところが、この現実界以外の世界では、時間の経過が異常に遅いのです。

この現実界で、あまりの苦しさから逃れようと自殺する人がいますが、これは大きな勘違いです。

死に際の肉体的な激痛と精神的な苦痛が長い期間そのまま続きます。これは、たまりません。

しかも、肉体をなくしているために、感覚が敏感になり苦痛が増幅されます。自殺する前は、死んでからは子孫に迷惑をかけまいと誓っていてもムダです。苦しさのあまり、身近な子孫にすがり憑《つ》きます。このような苦しい波動を出す霊がいると、子孫も同じような精神状態になります。

人間は、死ぬ五十日前から直前までの、精神状態が大変重要です。この、死ぬ前の五十日間を安らかな心で過ごせるようになれるために、長い人生を経験しているのかも知れません。

一番重要なのは、死ぬ直前の心の状態です。

人間の運命は変わります。努力により、良くも悪くも変えることができます。普段から、生かされていると認識し、現状への感謝想起をしながら、この娑婆世界《しゃばせかい》を旅していきますと、紆余曲折《うよきょくせつ》があろうとも最期のイヨイヨの死ぬ間際は、今までの感謝想起の蓄積により、肉体的な苦痛には脳内麻薬が放出されて楽になり、心は感謝に満たされた状態になります。

この状態で死ぬと、同類引き寄せの法則により、同じような感謝に満たされた世界へと引き寄せられます。大往生、間違いなしです。

今、この現実界の時間経過が加速し始めています。

過去にないことが始まっています。

これからは、どんな悩みもすぐに変わっていき、たいしたことではありません。

今からの時期、とても気をつけなければいけないことは、自分自身を信じ、大事にすることです。

自分に自信がなく、他人に心情的に依存し頼ることは、自分自身を〝捨てること〟になります。

自分の願望を満足させるために、自分の外にいる神様を利用しようとしたり、宗教団体の先生・霊能者・ヒーラー・占い師などに頼ったりすることが、その例です。

特に奇跡を売り物にしている先生様は、百パーセント魔物の代理人です。

多くの人々に依存心を喚起させ、各人から自信＝自神を回収して廃棄させる任務を、先生様も知らずに魔物からさせられています。

自分を見捨てた人間は、自分の肉体の細胞に見捨てられます。

つまり病気になります。

どんなに辛い境遇であり不幸な出来事があっても、自分が心に預かっている神様を信じることです。

自分が預かる心の神様と共に、向こうから訪れる困難があれば、受け切る決意をするのです。

困難が来ないならば、なおさらに現状への感謝を心の神様にしておくことです。

これからの時代は、各人の心に住まう神様が現実界へ具体的に作用し始めます。
絶対に裏切らないし、あの世へも同行してくれます。
すでに私たちは、神様の中に包まれた大安心の状態が本当の姿です。
それに気がつくために、色々と起こるだけなのです。

「一日の終わりを感謝で締めくくる」法則

私たちは日々、色々な感情を持ちます。

悔しい思い、心配、怒り、不安、堕落、喜び、希望、慈悲心……と、心は休むことなく絶えず動いています。

この色々な感情ごとに、その色に応じた霊的磁気が自身から発せられ、自分の身体のオーラを構成しています。

例えば、慈悲の心は、紫色の磁気を放射しています。感謝の心は、金色の磁気を放射しています。金色の磁気は邪霊を祓います。一方、怒りの心は、赤黒色の磁気を放射しています。

このように私たちは、心の変化に応じた様々な磁気を絶えず放射しています。

しかし、日常の心がけ一つでオーラの色はすぐに変わります。たとえ悪い感情を出してしまったとしても、それを上回る善い感情の磁気を発して、上書きすることができれば良いのです。

負の感情と正の感情は合算されて、打ち消しあいます。そして、残った多いほうの種類の磁気が、その人物を表すオーラの色で出ています。

だから一日の内において、悩んだり、怒ったり、恨んだりしても良いのです。不安になっても良いし、自堕落な思いにふけっても良いのです。

ただし一日の終わりに、それを上回る良い感謝の感情を持ち、上書き修正しておくことが大事です。悪い感情を持ったまま寝てしまうことは良くありません。その日一日の負の感情が、自分自身の霊体に書き込まれてしまいます。

この上書き修正は、

「今日も一日無事に　生かして頂いて　ありがとうございます」

などのような、御自分なりの感謝を表す言葉を心中で思うか、声に出して言うなどすれば良いです。

一日を感謝の心で締める実践は、皆さんの想像を凌駕《りょうが》する霊的作用を、急速に生じさせます。

この一日の終わりの感謝は、自己の霊体を純粋にして強化する秘訣《ひけつ》です。

第七章

霊的磁気の法則

森羅万象を、つらぬく法則

「人生を大改善する〝掃除・洗濯〟」の法則

私たちが日常生活で普段使っている道具や服、愛着のある品物には、使用者の思いの霊的磁気が付着しているものです。

一番、思いが付着して蓄積する物は、鉱物、宝石類です。自動車でも使用者の思いやクセがつくものです。中古車に乗り変えてから、本人は気がつかないのですが、以前よりもイラついた荒い運転に変わっていることが、他人にはわかることがあります。前の所有者が残した磁気の影響を受けていると言えます。

親の形見の宝石なども、本当に親の雰囲気がこもっているものです。

ただ、これらには以前の所有者の追加の磁気が足されることなく、今の所有者の磁気が日々蓄積していくので、以前の磁気は薄まっていくものです。

結局は、中古品を恐れていては生きていくことができませんので、日々の自分自身の思いの蓄積が、いかに大事であるかということです。

ここで、気をつけなければならないことがあります。

つまり、霊的磁気の観点から見ると、掃除や洗濯が非常に大事だということです。

例えば、ウツ病の人がいるとします。

掃除や洗濯がおろそかになるものです。そうすると、いつも同じ汚れたままの寝具で寝ていて、部屋も掃除されずに同じ品物が散らばっていることになります。寝具には、日々のネガティブなウツ磁気が蓄積します。回りの品物にも同様に蓄積します。

そのため、いざ奮起して明るくなろうとしても、掃除がおろそかだと自分の今までのウツ磁気を蓄積した物が側にあることにより、その影響を受けて自分が発した過去の磁気に巻きつかれて負ける状態になります。

これでは、病気の改善が難しいです。

シーツや枕カバーを洗濯し、交換するだけでも違うものです。

定期的に布団を太陽光のもとで干すことも、大変効果があります。

そして、これに加えて部屋の掃除をすれば、溜まっていたゴミやホコリがなくなり、部屋に置いてある物の配置が変わるため、自分に干渉する磁気のパターンも変わります。


逆に言えば、たとえどんなに霊的に悪い場所に住んでいても、自分が普段発している感謝の磁気で、徐々に変えていくことが可能だということです。


このように、霊的磁気は普段の日常生活において、様々な影響を私たちの心身に及ぼしています。

しかし、霊的磁気の影響は、私たちの身の回りの出来事に留《とど》まるものではありません。霊的磁気は、この宇宙に存在するものすべてに関与し、影響を及ぼしています。

私は、これを霊的磁気の法則と呼んでいます。この法則は森羅万象《しんらばんしょう》をつらぬいています。

これまでの章で説明してきた法則は、霊的磁気の法則の具体的な現れと言っても良いでしょう。

霊的磁気は、命の発生にも関係しています。現代科学が現状から飛躍するためには、磁気と生命科学を合わせた統一理論が、これからの鍵になるでしょう。

古代から伝承される古神道《こしんとう》の禊《みそぎ》の概念は、つまり霊的磁気の処理方法でもあったのです。

古きことが、トンでもなく新しい未来世界を示唆《しさ》しているかも知れませんね。

「寿命が延び、年齢より若返る！自分オリジナル」の法則

赤ちゃんを抱っこしますと、その赤ん坊自身のオリジナルの霊体磁気の「固まり具合」に感動します。その個人の霊格が高い・低いではないのです。自分独自の霊体を維持することが素晴らしいことなのです。

この世に生まれることができた時点で、私たち全員が神の現れです。個人の霊体を自分オリジナルに維持することで、内在神が顕現《けんげん》しやすくなるのです。

ところが近年、高い金額と引き換えに、わざわざ他人の霊的磁気を憑けて霊能先生になれるとする商売が流行しています。

霊能者やヒーラーの資格があると自称する人々が、困ったり悩んだりしている人々に奇跡を期待させ、依頼人から高額の金銭を搾《しぼ》り取る霊的商売をしているのです。

出鱈目《でたらめ》と言いますか、はっきり言いますと詐欺です。

これは時間が経過すると、必ず答えが誰にでもわかります。ただその時は、すでに遅いですが……。

霊的療法の初期の改善効果は、純粋な肉体の「抵抗と反発」に過ぎません。肉体・霊体に本人には異物となる他人の磁気を与えることにより、これに反発し消そうとする、健気《けなげ》な生命力の活動が「見せかけの改善」を見せているだけです。

輸血の場合、血液型の異なる他人の血液を体内に入れることは、死を招きます。ヒーリングにより肉体・霊体が抵抗と反発を繰り返していきますと、段々と効果は薄れて生命力は落ち、肉体は弱っていきます。

つまり、自分の霊体に余計な他人の霊体磁気を憑けると、自分の内在神が奥に隠れて生命力が落ち、寿命が短くなるのです。

長命な人は、自分自身のオリジナル霊体を維持した人物とも言えます。自分自身（自神）を信じて生きた人間です。これが内在神の維持につながったのです。そして、寿命が延び年齢より若返る人です。

人間は自分自身の霊的磁気だけを身につけることが、その人の健康にも運勢にも大きな善の作用をします。自分を信じて、他の霊的商品や宗教組織に頼らないで生きる人は、内在神の力が発揮しやすいのです。実際に社会で成功している人は、このタイプの人が多いです。

神の名前を利用した〝先生様〟の商売グッズをジャラジャラと身に憑けたり、自分の外部にいる幽界存在を信仰したりしている人ほど、自分のオリジナル磁気が阻害されているので、普段の生活においても判断を誤ります。加えて生命力も漏電します。結局、運勢が弱まり、本人の運命も変わってしまいます。先祖霊だけが弱い力で、本人をかばおうとします。

しかし本人は先祖霊の御蔭で何か良いことがあると、その御蔭を大勘違いして、他の霊的磁気の商品や信仰に余計にはまります。

先祖霊に感謝を捧げずに、他の悪磁気ばかりを集める行為をするために、人生の後半は良くはなれません。楽をしたいという抜け道を求める欲心が、高いお金を出してまでして、余計な霊的ハンディを背負い込ませる結果となるのです。

霊能者は、魂の高い・低いを言いますが、これは関係ありません。自分の霊的色を維持できた人が素晴らしいのです。

霊的垢を悩める一般人に憑ける先生は、老けだすのも早いです。過去を見ても、霊能者には長命な人が非常に少ないです。

一般の善良なる方々は、自分自身（自神）を信じて、生きてください。たとえ病気や貧乏でも惨めでも良いのです。それが今の自分色です。

現状に感謝して生きていれば、何も恐れる必要はありません。
それが最高の人生です。

現状に感謝し、自分色の霊体を維持したままで人生を終えることができた人は、感謝できる人ばかりがいる世界へ行くことができます。
これは居心地が良い世界です。

「悪い現象を打ち消す、代償行為」の法則

悪い夢は「代償現象」であると私は考えます。つまり、夢の世界で悪いエネルギーが昇華されることにより、夢で見た悪い現象が、現実界では実際に発生しなくなる仕組みになっていると考えます。

これに加えて例えば、交通事故に遭う夢をもし見れば、普段の運転をより注意深くしたり、運転を控える行動を選択したりすることにつながり、事故を避ける結果にもなっています。良い夢を見た場合は、それの実現への努力を自然とすることにつながり、正夢となるパターンがあると思います。

悪い夢を見れば夢の世界で発生して終わり、実際には起こらない法則を現実界で意識的に発動させる方法があります。それは、感謝の先祖供養の実践です。

毎日、たとえ数分間でも「現実界での実際の供養行為」により感謝の磁気を供養の場に〝置く〟ことは、その感謝磁気によって、すでに蓄積している悪いエネルギーを打ち消す代償行為になっています。

この供養行為を朝におこなえば、そのほんの数分間の行為が、その日に待ち受けている悪い現象を打ち消すことにつながります。感謝の磁気をもってして、負の蓄積磁気を中和するのです。

線香の煙は、先祖霊を癒《い》やすだけではなく、現実的に「負の磁気」を切断する効果が大きいです。塩の祓《はら》いよりも大きいと感じます。

磁気の感覚的な印象で言いますと、「祓う」と言うよりも、悪い気が「切断される」「切れる」と表現したほうがしっくりとします。

「悪い霊的磁気をあぶり出し、消去する」法則

霊的磁気は、霊眼《れいがん》では実際の煙のような感じで観えます。霊的磁気は、その次元の高低や内容に応じて、色や精妙さが異なります。

神霊の場合は、色を帯びて細かい粒子を感得します。

低級な邪霊の場合は、煙というよりも、湿気のようなベッタリとした感じがします。

つまり、霊的磁気と線香は様相が近いため、何か物質的な共通点があるのでしょう。線香の煙は霊的磁気に対して、非常に強く作用する力があります。

先祖霊や縁ある諸霊には癒やしを与え、悪い霊的磁気には消す作用があります。

私は日常で、霊的な負の大きな磁気を感じた場合に備えて、色々な内容とレベルに応じた対処方法を有しています。その中でも大きな撃退方法の一つに線香の使用があ

ります。これは道教の秘儀を踏襲したもので、その対象を「切断」する効力は絶大です。呪文や祝詞などのヘナチョコ兵法は、問題にもなりません。

過去の歴史においても、天皇家が祭事に道教を取り入れた経緯は、その実践力に時の天皇が驚いたからです。現在は神道から線香秘儀が消されていますが、神道に道教が取り込まれた当時は、神事に線香が使われていました。この秘儀は後世に神道から分けられて、皇室では後の香道の原型となる作法として伝承されました。

道教では祭事において、今でも太くて長い三本線香を使用しています。

では私がおこなう、この方法とは何でしょうか？

それは、すでに何度も述べている感謝の先祖供養です。この行為の中に、言霊とタイミングのすべてが凝縮《ぎょうしゅく》されています。おこなえば、見えない霊的世界では、大きなことが起こっています。

三本目の「その他もろもろの縁がある霊」に捧げる線香には、悪い霊的磁気が寄るどころか、本人がもともと保有する悪い霊的磁気をあぶり出し、消去をしているのです。

臭いものにフタをして隠し逃げたところで、本人の運勢は好転しません。迷いの磁気を抱えたままだからです。

現実界とは何事も、努力と引き換えにして手にする世界です。逃げていては何も得られません。ただ、伊勢白山道式の先祖供養は「自分で実践して進む意思」がない人には絶対に勧めません。

逆効果なのでやめてください。

神霊は「自《みずか》ら」と「他」を霊的に無償で助けようとする人間を助けようとします。あなたにもできます。

「〝二つの次元で徳を積む〟と現実が好転する」法則

私が昔から実行している習慣に、道を歩いていて釘《くぎ》が落ちていれば、必ず拾って道路の無難な隅に置く、というものがあります。

小さい子どもが転んで刺されれば痛い思いをするだろうし、自動車がパンクする可能性だってあるからです。

拾った釘を持ち歩くのは抵抗がありますので、このようにしてきました。

なぜこんなことを私がするのかと言いますと、自動車に乗る者として、釘でパンクした時の被害の大きさが我が身のことのように響くからです。修理代の出費も痛いですが、出かけようとする時にパンクに気がつけば、その後の予定はダメになります。この被害は大きいです。また、知らずに乗車すれば大事故の原因にもなります。自分も他人もそのような目に遭うのは嫌なので、その原因となり得る釘に気がつけば拾っているのです。

以前、急いでいてスーパーの駐車場から出ようとした時、空いた駐車スペースの車輪が来そうな部分に釘が落ちているのが運転席から見えましたが、そのまま行き過ぎました。でも、どうしても気になり引き返して釘を拾い、持ち帰りました。

もし、一連の私の動きを見ていた人がいたならば、変な人だと思ったことでしょう。しないで行ってしまえば、しばらくモヤモヤしたと思います。

要は自己満足で良いのです。自分が納得していれば、「気持ちが良い」のです。ここで一々、「これは偽善だろうか？」なんて物思いにふける〝詩人〟にはなりません。

危険物を現実界で移動させた。

百の屁理屈《へりくつ》な空想よりも、結果を出しています。

人生なんて、自分の良心との「会話」ではないでしょうか？

自分の良心に恥じる、引っかかる行動はせずに、自分が納得する行動をする。現実界での行動はすべて、磁気として記録されています。この「自分が発した」正負の磁気が記録されているのです。

徳を積むとは、霊的な観点からは正の磁気を蓄積することを意味します。

＊現実界での実際の行動による正負の磁気の蓄積。

＊見えない世界に対する正負の磁気の蓄積（先祖供養をする、感謝をする、恨む、悲しむ、怒る……）。

この二つの次元における自分の正負の磁気の総和が、現実界での自分の現状に転写されています。

色々と努力しても現状が不満な人は、どちらかの世界の正の磁気が欠けているのです。

二つの次元において正の磁気が蓄積していくにつれて、大きな車輪が動き出すように、現状が良い方向に好転し始めます。

これは、思う以上に簡単に〝起こる〟のです。

第八章 ヘナチョコパンチ！の法則

いま苦しい人ほど、なぜか、やる気と勇気が湧いてくる!!

「心が明るくなり、なぜか勇気が湧いてくる」法則

先日テレビを見ていましたら、働き盛りの三十代男性の方々の働く所が激減しているという社会問題を特集していました。地方では、正社員どころかパートや派遣の仕事すら激減しているそうです。昭和の時代には、このようなことはありませんでした。日本の社会では、未経験なことかも知れません。

昭和二十年、何もないところから始まった戦後の日本は、日本人の大半が貧乏でしたが、毎年経済は成長していきました。定期預金が十年間の利息だけで元本の二倍以上にふくらんだ時代も、昭和にはありました。

今の日本経済の基礎を造り、発展させた私たちの親や祖父の時代の人たちは、成長する社会しか知らない年代とも言えます。

つまり、現在の日本社会に初めて発生しつつある経済構造に対して、成長する経済環境の経験しかない年代が政治を動かし、企業のトップにいるわけです。

不景気には、規模の縮小と自分たちの保身しか対策が浮かばないようです。

ここ十年間の実体経済の成長は、良くても現状維持、実際はマイナス成長だと感じます。

マイナス成長とは恐ろしいことです。何もしていなくても、貯金が勝手に目減りする時代とも言えます。「毎年収入が減るのを考慮して生きていく時代」です。これは難しいことです。

テレビで取材されていた男性の一人は、三十代半ばで東京の有名私大を卒業されていました。

東京で最初に就職した会社を、同僚とのトラブルから数ヶ月で退職されてからは、地方でパート作業員を転々として今まで暮らしてきたそうです。健康を考えて、綿密に計算された自炊生活をされていました。

几帳面《きちょうめん》で優秀な人がもったいないなと思いました。

本人を観ますと、最初の就職で自分への自信を失くされたことが大きいと感じました。

人間は、自信を失くすと脆《もろ》いものです。自信を失くすと、その後の選択をすべて消極的なものにしてしまいます。

この現実界での成功の切っかけとは、最初はホンの些細なことです。何としてでも成し遂げる自信を持てるかどうか、成功の保証がなくても努力を維持できるかどうか、です。

芸能界では、新人で才能があると先輩が判断すると、将来の自分の立場を擁護するために、新人の自信を喪失させるような仕打ちをする人もいるそうです。それを乗り越えた新人が伸びるのです。

後日談で先輩からの愛の鞭《むち》だったと美談にされることがありますが、先輩の本音は自分が生き残るために案外真剣なものだそうです。

現実社会でも、これと似たことが日常的にあるものです。

たとえ自分が失敗して叩かれても、フッフッと心に明るい種火を絶やさないことが大事です。自分の明るい心が先行きを照らし出し、道を示してくれます。

自信を失くすとは、この明るい心の種火を自分で弱めてしまうことです。

人間の心臓には、本当に神聖な霊的種火が存在します。この神聖なる炎を消してしまうと、人間は廃人のようになってしまいます。本当に消えた時は、死ぬかも知れません。

この種火は、内在神の光とも言えます。自分さえも信じられない人間は、他人を信じることはできません。ましてや自己が預かる内在神を信じることは、なおさらに難しいことかも知れません。これは不幸なことです。

では、この消えかかる心の種火を復活させるには、どうすれば良いのでしょうか？

「性格改善セミナー」などで、暗示をかけられて心が明るくなったところで、それは一時的な高揚感に過ぎません。

宗教も似たようなものです。

このようなまやかしの方法ではなく、霊的な実践力がある方法で、種火を自分で復活させるしか方法はありません。

種火が復活すれば、心が明るくなります。理由はないけれど、なぜか自信が湧いてきます。叩かれても打たれても、耐え凌《しの》ぎながら虎視眈々《こしたんたん》と復活を狙えます。

ここで、自分自身に迷える波動を出す先祖霊や関係する霊が存在していますと、心の火に霧状の水を噴霧する状態になっています。どうしても火の勢いが出ないのです。

噴霧が強いと火が消えかかり、現実的には重度のウツ症状として現れます。

種火を復活させるためには、感謝の先祖供養と神様への感謝想起で、水の噴霧を止めることが大事です。

「イヤな経験こそが、自分を磨く」発酵の法則

今朝のラジオで発酵について面白いことを話されていました。

それは、腐敗と発酵は違うということです。

腐敗は特定の一種類の微生物でおこなわれるのが大半なのに対し、発酵はたくさんの種類の微生物による連携プレーの結果、人体に良い成分が発生するということです。

単独プレーでは有害な成分ができるが、多くの連携プレーでは有益な成分ができるというのは興味深いことです。

また、どぶろく酒を自家製造する場合、作業の前に夫婦ゲンカをした日は、発酵がなかなか始まらなかったため、原因を思案していたところ、嫁さんとケンカをしたことが原因ではないかと思いつき、醸造樽の前で夫婦でイチャついたら発酵が始まった

と話されていました。


これは、神が原初に設定した、この世の基本法則を示していると感じました。

会社組織の中では、個人プレーよりも連携プレーが大切なことは随所にあります。

家庭の中で一人引きこもると、肉体も精神も毒されていくものです。

この世は、一人で気楽に生きることができれば楽かも知れません。

しかし、これでは自分の心が「発酵」しないのです。

他人との接触を自《みずか》ら拒絶し、「我良《われよ》し」の気持ちでいると、心が腐敗するように神は設定しています。


他人から受ける善悪両方の刺激を受けて、人の心は発酵して良心が生まれ育ちます。

・職場や家庭でいじめられる。
・学校でいじめられる。

・近所との関係で嫌な思いをする……などなど。

良いではないですか。
自分が善玉発酵するための刺激だと、何事も明るく受け止めれば良いのです。
これを苦にして避けていると、発酵は止まり、腐敗に進みます。

内在神を育てる発酵を起こす言葉は、これです。
「生かして頂いて　ありがとうございます」

生きているからこそ味わえる貴重な刺激です。

「悩める人は幸いなる人」の法則

不景気になると悩む人が増えるものです。

生きる糧《かて》に影響し始めるからでしょうか。

景気の良い時も、人は悩んでいました。景気が良ければ、生きる糧はアタリマエで心配しないのでしょうが、その時は男女の痴情や他人との外観の比較で悩んでいるものです。

要は、いつも人は悩んでいるのです。

魂を成長させるために、現実界では絶えず「悩む」方向へと人生が向くようになる法則があります。

実は、悩める人は幸いなる人です。

歳をとり成長の見込みがなくなると、段々ともの忘れが始まり悩まなくなっていきます。これも、神の恩寵《おんちょう》かも知れません。

人間が悩める間は、成長の可能性が残存しています。

神が期待している魂の成長のために。

明るい心根で、大いに悩めば良いのです。


この現実界を見て、この法則に心底から気がつきますと、悩みに対して「あっかんべ～」をしながら真剣に悩むことができます。

所詮《しょせん》、肉体を持つ短い人生期間でのことです。今の肉体を脱ぎ捨てて次の旅に出ることは確定しているのですから、今の道中での悩みなどたいしたものではありません。

どんな悩みも自身の心を傷つけることはできません。

悩みは心を傷つけることができないのに、自分の心が傷つくのはなぜでしょうか？

心を傷つけるものは悩みではありません。心を傷つけている犯人は、自分自身です。

悩みから逃げるために生き急ごうとしている歩みを緩《ゆる》め、苦しい中でも立ち止まり、自分の現状をゆっくりと味わう勇気が湧いてくれれば大丈夫です。

苦しいでしょうが……。

悩みを直視し、明るく受け止めて昇華（消化）できるためには、自身にまとわり憑く余計な霊的磁気がないことが大切です。

これがあると、どんなに良い話を聞いたり、良い心がけを実践しようとしても続かないのです。悩みに負けてしまい、口先だけで終わります。

そうならないために、伊勢白山道の実践があるのです。

どんな悩みの嵐に遭おうとも、愛情さえ維持できれば良いのです。

コケて泥んこになっても、他者への愛情さえなくさなければ、魂に泥はつきません。

逆に今の旅を大いに楽しんでやりましょう。

「自分なりの精一杯のヘナチョコパンチを出す」法則

私のブログに投稿される批判的コメントは、よほどの邪気を感じない限りは、その大半を掲載しております。後から眷属神《けんぞくしん》（高位の神様に仕える神様）の指示で消したり、掲載をやり直したりすることはあります。中には、とても厳しい意見もあります。

しかし、これが世の中の現実なのです。たくさんの魂が、あらゆる世界から現実界に旅をしに来て、同じ次元にいるわけです。意見や志向の違いが生じて摩擦が起きるのは当然です。色々なストレスも生じることでしょう。

社会では、自分に嫌なことを言ってくれるほどの愛情深い人間は少ないです。好き好んで嫌われる労力すらも惜しまれて、ただ無言で避けられていくものです。本人は気がつけずに成長がありません。

もちろん、自分が正しく相手が変なことも当然あります。

しかし、嫌な刺激があることにより、自分の姿勢を見直すチャンスが生じます。自分は正しいのだろうかと。

このようなことを考えることが現実界での成長になり、また、これを体験するためにたくさんの奇跡を経て、人はやっと生まれてきたのです。やっとの思いで……。

幸いにもブログは匿名《とくめい》でお互いの顔が見えないので、人間の本音を聞ける貴重な場なのです。

また、これを悪用して、顔が見えないからと非情なことを書き、自己の不満を発散させる人もいるでしょう。そのような隠された人間の本音を知ることができるだけでも貴重なことです。

この現実界を甘く見たり、油断したりしてはいけません。

神様が良く示唆することの一つに、**「強く生きよ」**があります。

人間は現実界へ生まれ出たならば、与えられた条件の中で「精一杯に強く生きなければならない」と伝えます。

弱虫ではダメだ。預かる神に申し訳がないと……。

「ほんの短い人生期間ぐらいは、何も悲しむことはない」とも伝えます。

たとえ、今、どんなに苦しく惨めな条件であろうとも、自分なりの精一杯のヘナチョコパンチを繰り出せば良いのです。

そうしていると、人生最後のいよいよの時、自分の小宇宙が満足の内に完結するのです。

これは、おめでたいことです。

「苦しみや迷いを超える」法則

人間の本当の幸福は、心の外部にある楽な生活にはありません。自分が生まれた時から預かっている内在神に溶け込むことが真の幸福であり、自分の魂が望む究極の喜びです。

なぜ、現実界で楽を求める生活の中に真の幸福がないのでしょうか？

それは、すぐに変化する「不安定なもの」だからです。

今は幸福でも、問題が生じれば一時間後には地獄を見ることもあります。こんな不安定にコロコロ変わるものに幸福の答えを求めてはダメなのです。

人間関係、病気、事故、社会情勢、災害……などにより簡単に現実界の生活は影響を受けます。絶望することもあるでしょう。

しかし、問題が生じることは、悪いことではありません。

現実界とは、そういう世界なのです。

問題が生じる恐怖に怯《おび》えて、事前に見苦しい活動をすることが今までの宗教組織の活動です。

「起こりもしないこと」に恐怖する。

「起こってしまったこと」から、現実界で与えられている以外の手段を使用してでも、逃げようとする。

これらは、迷いの信仰活動に過ぎません。

こんな目先の物事に、高次元の神様は干渉しません。

つまり、現実界の生活に幸福を求めて努力することは大事ですが、それに執着せずに「楽しむ」ことが大事なのです。

貧乏ならば貧乏を苦にせずに、貧乏の中で工夫して楽しむ。貧乏により心（＝内在神）を痛めれば、本当の負けです。

人生の真の意味での負け、魂の負けです。どんなに苦しくても、心には苦しみを渡さない。苦しみを「眺めながら」自分ができる努力をする。

努力する中で、そもそもこのような喜怒哀楽を体験できること自体が有り難いことではないかと、日常生活の中で感謝することができる人は人生の勝利者です。

自分が避けようと努力しても自分の身に起こることは、苦しいことも楽しいことも、悪いことも良いこともすべて受け切る決断をし、たとえ転んでも感謝の心で受け入れる決意をすると、苦は去っていくものなのです。

逃げるから追いかけてくるのです。

「人生とは、自分の良心との勝負」の法則

人間は現実界で生きることに懸命です。

次々と個人に応じた課題が訪れます。

現実的な課題がなくなると、次には心を悩ませる課題が来るものです。病気の課題もあります。

不思議なことに、自分に相応な順番が決められているように課題が来ます。越えることができるかどうかの先が見えず、自分で経験しながら歩みを進めていかないとわからない課題は辛いものです。

明日をも知れない中での努力は、ムダに終わる心配を抱えながらの自分自身との闘いです。ただ、大変な課題がいっぺんに五個も十個も来ないものです。もし来ても何もできないだけです。

自分の限界ギリギリの境遇に、試されるようになることはあります。その都度、自分にとっては精一杯のことをやり続けていると、その経験が顔に現れてきます。自分の魂が成長することで、肉体に反映して顔に現れるのです。

課題が途切れないように次々と寄こす、この心憎い存在とは何でしょうか？普通は霊の仕業、先祖の因縁などと心配する人が多いです。でも家系の因縁ならば、その家系を選んだのは自分の魂なのです。自分で選んだ前提条件の一つに過ぎません。

限られた人生の時間の中で、有効に本人の魂を成長させようとする存在。それは、本人が生まれてからのすべてを公平に見ている自分自身の良心、すなわち内在神です。人生という名のジェットコースターの管理人は、内在神だったのです。

人生とは、自分の良心との勝負です。

私の過去生の記憶では、あの世に帰るたびに毎回強く思うことがあります。

その回の人生をスピード再生して検証する時、

「ああ、この時の自分はもっとハンディが強くても乗り越えられたな。甘かったな」

「なんだ、心配せずにもっと努力すれば良かった。より成果を出せたのに……」

「この時は、もっと苦しめば良かったなあ。より大きな心になれたのに」

などなど。


今生の私も社会で働いていますと、色々とあるものです。神霊は黙って観ているだけです。助けてはくれません。もちろん、私も生かされていることだけで十分だと思い、がんばります。

苦しみながらもがんばっている人を私が見かけると、神霊は「幸いなる人」だと慈悲の眼差しで私に伝えます。

この世は目先の価値観で判断すると誤る次元でもあります。真に大きな視点で見ると、不幸なことも神の恩寵と言えます。

皆さんにも幸いなる人が多いです。

心配は不要です。自分ができることを悔いが残らないように、限られた人生の中でするだけのことです。


また、自分に関わる目に見えない存在をも、自分ができる限り助けたいと思えれば最高の人生です。

たとえ、どんな醜態《しゅうたい》をさらそうとも、生きてさえいれば良いのです。

預かる内在神を、現実界で最後まで生かし切ることが大事です。

共にがんばりましょう。

第九章

「感謝の先祖供養」の法則

本当の幸運をつかむ方法

「他を思いやる練習を先祖供養を通して養う」法則

人間は、この世に生まれて数年間は、食事や排泄《はいせつ》などのすべての世話を、他の人にしてもらわなければ死んでしまいます。世話をしてくれる人は、両親か縁のある人間です。生まれてすぐから、一人で生き延びた人間はいません。

別の世界から現実界に生まれてくると、最初の数年間は、必ず自分以外の人の世話にならなければいけない法則があるわけです。

ここで、人の死を考えてみましょう。この世界から別の世界へと、生まれ変わるわけです。この世を八十歳で終えても、別の次元へ生まれるのですから、そこではゼロ歳です。

今生で生まれた時と同じく、新たな世界ではゼロ歳なので、身体が同調して慣れるまでは身動きができないのです。その慣れる期間は、生きている縁者から供養を受けることが大事なのです。これが先祖供養です。その慣れる期間は、個人差があります。

人間は、生まれた時に世話をしてくれた人が先に死ねば、今度は自分自身が受けた恩を、その人に供養という形で返さなくてはなりません。先祖供養とは、自分が受けたものを感謝でお返しするだけのことです。実行してアタリマエのことです。

生きている時に親孝行ができる人は、尊い人です。でも、新しい世界に親たちが生まれ出た時にも、手助けしてあげることが重要です。

ところが、このアタリマエを必要がないと屁理屈《へりくつ》をこねて軽視したり、自分自身の打算のために先祖供養をしていると揶揄《やゆ》したりする人がいます。

まず、このような人たちは、正しい先祖供養をしたことがない人です。したことがないから、わからないので観念で批判します。

本当に正しい先祖供養を実行すれば、自分自身でしか味わえないことがたくさん体験できます。そこには、他人が介在する余地はありません。先祖と子孫の関係は、親と子の関係と同じです。親子の間に、他人が割って入ることはできません。

例えば、ボランティアを打算の心を持ちながら実行しても、それは価値があります。その行為で助けられる人が現実にいれば、それを受けた人にとっては救いなのです。それを、打算心を持ちながら実行したからダメだと非難できる人は、口先だけの人です。

また、本当に打算心だけならば、ボランティアも先祖供養も行動が続きません。必ず途中でやめます。何の得もなかった……とね。継続できるということは、純粋で偉大なことです。

実践は観念を凌駕《りょうが》します。このような先祖供養を軽視し反対する人には、親不孝な人が多いです。育ててくれた親から借りたものを返さない人間には、必ず不運がつきまといます。

感謝の先祖供養は、困っている方々を気の毒に思いやる、慈悲の心で実践することが大事です。自分自身の精一杯の慈悲心を用いて、他を思いやる心が大事です。

慈悲心の大きさには個人差がありますが、自分なりの範囲で他を思いやる練習を、先祖供養を通して養うのです。これを繰り返していきますと、自分の慈悲心が大きくなり、神の無償の大きな慈悲・愛情が本当の意味でわかります。

神の一端がわかるとは、神に一歩近づいたということです。

これが進むと、自己に内在する神様が表面に出てきて、その人は神様のような生き方を始めます。生きながら……。

さて、先祖供養の方法ですが、私たちは生まれたばかりの赤ん坊に話しかける時に、単純な言葉を自然と選んで使います。いきなり難しい言葉を投げかけません。死んで新しい世界へ生まれたばかりの先祖には、なぜ難しい御経なのでしょうか？

先祖に通じない御経よりも、感謝の気持ちを表す、話し言葉が最良です（伊勢白山道式の先祖供養の方法について詳しくは、二三〇ページからを参照してください）。

先祖と自身に関わる諸霊への日々の供養は、ほんの数分間で良いのです。毎日することができなければ、週に数回でも良いです。

要は、見えない・わからない存在のことを〝忘れない〟ことが大事なのです。だから供養の目的は、自身に関わる亡くなった方々のことを、忘れないように気を向けさせる作法であれば、単純なものほど良いのが真相です。

先祖諸霊に感謝の気持ちを、ただ向けることがもっとも大事なのに、いつの間にかその供養方法にこだわり、宗派や派閥が出てきて争ってきたのが現状です。本来の気持ちを向けさせる目的よりも、作法が一人歩きしてしまっています。

供養の基本に感謝を表すものがあれば、伊勢白山道の形式にこだわらなくても良いです。独自な改良をされても構いません。私の長年の経験からムダな部分を削ぎ落とし、シンプルにしてもっとも霊界に通じやすい型を提案していますが、供養の実践者にシックリ来ることが大事です。

ただ、大切で外せないことは、寄り代（「○○家先祖代々の霊位」と書かれた短冊か位牌）があることと、それが倒れない安定性があることです。

人間は、時間をかけておこなう難しそうな供養のほうが、先祖に届きやすいと思ってしまいます。

供養ができると自称する他人にお金を出して、供養という名のイベントに参加してさえいれば、供養をした気持ちになってしまっている方もいます。

既存の供養では、亡くなられた方々に自分の感謝の気持ちを捧げるという供養の本来の目的が、薄くなってしまっているのが実情です。

お金をかけなくても、先祖や縁のある方々を日々忘れないように、感謝の気持ちを捧げることが、もっとも大切なことなのです。

「求めると離れ、避けると寄ってくる」法則

供養をしていますと、供養が必要な縁ある霊が、遠い縁を頼ってきたのを感じることがあります。

この存在を自分から離す・避ける心を持つことはダメです。

「よく来られましたね」と感謝の思いを持ってあげることが大事です。霊界では、生きている人間から感謝の気持ちを捧げられることが、もっとも評価されます。

自分自身が死んだと仮定して、死後に自分のことを思い出して感謝してくれる人がいますか？　親子間でも怪しいものです。

それほど、死後に感謝されることは尊く、徳のあることです。この感謝をあえてしてあげるのです。

霊界や地獄にいる霊にとって、現実界にいる縁ある人から感謝の気持ちが届きますと、今一番霊が欲しいものに変化します。痛みに苦しむ霊ならば、感謝を捧げられた時だけ痛みが治まり、空腹ならば感謝を受けた分量だけ好みのご馳走に変化します。

この一時的な安息の間に、霊の反省・向上を促《うなが》します。激痛でのたうち回る霊には、何を諭《さと》してもムダです。飢餓感で苦しむ霊には、どんな説教やお経も効きません。まず、感謝の気持ちを捧げて一息ついて頂き、すでに肉体をなくしていることを自覚して頂き、現世への執着を解いていきます。これが繰り返されるにつれて、苦痛や飢餓感から徐々に解放されます。

もっとも、先祖霊のすべてが、このように困っている境涯にあるわけではありません。すでに安心して成仏している先祖霊へ感謝の気持ちが届きますと、その先祖霊は、より強くなり動ける自由度が増します。現実界の供養してくれる子孫を守り、他の末成仏の先祖霊を助ける活動をしてくれます。

供養する私たちを頼ってきた縁ある霊も、生きている私たちから感謝の思いと共に捧げられる線香を分けてもらって、この世に対する未練の思いを満足させて去っていかれることでしょう。

成仏される霊が増えるごとに、供養をおこなう自分の慈悲の心もますます大きくなっていくものです。

従来は、除霊などの〝排除する〟霊的原理に基づく行法が、今までの霊的世界での主流でした。

嫌なものを避け、困る存在は排除してでも「自分が良くなりたい」という気持ちでは、いつまで経っても安心した心にはなれません。大きな気持ちで〝溶かし、癒やす〟心が大事です。

人間の短い寿命の中で、困る存在を排除してでも生きたところで、お先が知れています。それよりも、内在する自分の心を大きくすることが大事です。

ガンなども、避けたい逃げたいと普段から恐怖する人ほど、なぜか本当にガンになるものです。

この世は、不思議な世界です。

求めると離れ、避けると寄ってくる。

つまり、今、この場所に立ち止まり、現状に感謝すれば良いだけなのです。

寄るものは拒まず、去るものは追わず。

排除する心は損をします。

「見返りを期待しない思いやりこそが、良い結果を生む」法則

これからの時代、特に大事なことは、
「自分でできることは自分でする」
ということです。他人への依頼心・依存心が強い人は、霊的にも余計な存在を憑けています。

与えられた環境で、自己の内在神と魂だけで、思いっきり燃焼して生きればよいのです。

まず、今、この時代の日本に生まれ生きているということ、永い魂の旅路を経て今ここに来ているということは、高い倍率を乗り越えてきたということです。

生まれる前に、自己の魂が昇華（消化）しなければならない、善を受ける因縁と負

を受ける因縁のバランスを産土神《うぶすながみ》（人間の魂は、母親が妊娠中に、その地域の精霊の神気と合体することにより母体に宿ることができます。その地域の精霊を産土神と呼び、この産土神が各人の内在神となります）と共に大まかに配分し、自分自身で人生設計を決めて生まれてきたのです。

もし、現状が苦しくて不満があるならば、どうしたら逃げられるだろうかと悩む代わりに立ち向かえばよいのです。

ただ、人間は弱いものです。だから神様は、先祖供養を通じて困る諸霊を慰め助ける慈悲の心がある人たちには、現実界において、それ相応の善なる効果が起こることを許しています。

苦しみ困る弱い存在、まして見えない存在（これが大事です）に、見返りのない思いやりの気持ちを向けることは、強い者勝ちの心の人間にはできにくいことです。強い者勝ちの人は、御利益《ごりやく》を求めて神仏ばかりを拝みたがります。神様は、それを観ています。

先祖霊と神様に対して「生かして頂いて　ありがとうございます」と感謝の気持ちを捧げる実践は、各人が自分自身で気に入れば、すれば良いだけのことです。何の縛《しば》りも強制もありません。

もし実践されれば、自分自身で一歩一歩、階段を上るように自分色の気づきがあることでしょう。私もこの言霊を実践する、ただの一人に過ぎません。

「生かして頂いて　ありがとうございます」の言霊が合うか合わないかは、その人の霊性の段階が大きく作用します。霊性が未発達で未熟な段階の魂には、「ありがとう」の連呼としか受け取れないようです。

これは、説明・説得して理解されるものではありません。魂の永い経験の蓄積が、理解には必要だからです。

さて、何が正しいかは、他人に決めてもらうことではありません。自《みずか》らの良心に従い、各人が思うことを実践すれば良いでしょう。

今はすでに、黙って実践・実行あるのみの重要な時期に入っています。

「弱い存在を助ける人には正神から寄ってくる」法則

感謝の先祖供養を一年以上、時には休みながらでも続けている人は、神札を祭ることをお勧めします。継続できるということは、そこには見えない存在に対する思いやりがあるからです。これが尊いことなのです。

例えば近所に住む隣人に、何かおすそ分けをする行為には、「今後もよろしくね」「何かある時は手助けしてね」とか、「この前に頂いたお返しのため」……などなどの駆け引きがあるものです。

目に見える、反応があることへの行為は簡単なことです。誰にでもできることです。これこそ効率のよい見返りのための行為とも言えます。

しかし、供養や神祭りというものは相手が見えないのです。はたして本当に届いているのかわからない、別に効果があるとも感じられない、自分の独りよがりなムダなことをしているのか、などの不安を持つこともあるでしょう。だからこそ価値があり、尊い行為なのです。

短期間ならば、大きな不安、無意味なことを感じながらでも、実験として供養することができるかも知れません。

しかし、継続することは、慈悲心や優しさが本人になければできません。このような自分の良さに気づいていない人が多いです。中には自分が欲深いから継続できるのだと思ってしまう人もいますが、そんなことはありません。

認知・知覚できることのみに対応する人は、供養などは迷信に過ぎないと思っているかも知れません。もしかしたら、非効率でムダな行為だと思っているかも知れません。このような人は日常生活でも、自分のための効率的な行動しかしたがりませんムダを避ける人です。

しかし、人生とは自分が気づいていないだけで、誰かの世話になっていたり、迷惑をかけていたりすることも多々あるものです。

自分自身が気づいていない面への配慮ができない人は、心の幸福を逃《のが》し、たとえ本人の希望が叶えられても、代わりに何かが欠けるような宇宙法則があります。見えずに隠れているものへも心を配ることができる人は、霊的な徳のある人です。


神が見えない、わからない。先祖供養の手応えがわからない。それでも、自分が今まで生かされてきたことへの感謝がしたいから、先祖霊や神様に感謝をする。その気持ちが大事なのです。先祖供養のできる人は、現実社会でも気配りのできる人でもあり、心根の優しい人です。


「先祖霊には力がないから、神仏への信仰が一番に大事だ」という自称専門家が多いです。弱い存在を見捨ててすり寄る人間を、本当の神様は避けます。それこそ強い者勝ちの信仰者です。

正神につながっていない証拠です。

弱い存在を助けようとする人には、正神のほうから寄ってきます。

「心の外の神様は淘汰《とうた》されていく」法則

身体が硬い人は、怪我や病気をしやすいそうです。柔道でも身体がカチカチの人は、受け身を取っても痛そうです。同じことは、人間の心についても言うことができます。心が狭く柔軟性がない人は、他人の何気ない一言にもズシリとこたえます。その一言の大半は、取るに足りないことであり、受け取る側の勘違いや誤解に基づくものも多いです。では、心を硬くさせている原因は何でしょうか?

一般的には、ストレス・物事に執着しやすい心・自分本位・他人への思いやり不足・現状に感謝する心がないといったことを挙げることができます。

しかし、これらの要因は表面的なことです。なぜ、そのような気持ちになってしまうのでしょうか……。

その原因は、自分の霊体と天をつなぐ家系の霊線の状態にあります。

私たちの心の状態が霊体に反映され、霊体の状態が肉体へと反映されます。心と霊体に影響を与えているのが、家系の霊線を通じて流れてくる根源神からの生命の息吹《いぶき》です。

霊線が詰まっていると生命力は落ちます。

そして、心に余裕がなくなり、心を硬くさせます。

家系の霊線を人体の血管に例えてみましょう。心臓（根源神）から送り出された血液（生命の息吹）が流れる血管（家系の霊線）に、障害となるものが溜まっていると、血流が悪くなります。

心臓から送り出された血液は、元の心臓に還って初めて一つの循環になるのです。魂の循環（誕生と死）のように……。

この血管の詰まりや、血流の障害となるものとは、

（1）成仏（循環）できない先祖霊
（2）現状から逃げようとして、宗教団体の先生・霊能者・ヒーラー・占い師などに頼ることにより、自分の霊体に付着させた霊的な垢です。

（1）の改善は、他人任せでは実現することができません。お金を出して他人に供養して頂いても、ただの気休めに過ぎません。なぜなら、自分の身体の血管と同じだからです。

血管（家系）の浄化は、日々の食事（供養行為）の内容に気をつけるなどの改善への努力が、生きている限りは必要だからです。一度の手術（供養）だけで、循環器（家系の霊線）の病気が治るわけではありません。術後の養生と生活努力が、その後の寿命（家系の運命）を左右します。

（2）は、自分で昇華（消化）するべき題材を選んで、やっとのことで、わざわざこの世に生まれ出るチャンスを頂いたにもかかわらず、過去生の記憶を喪失させられて本性が出たとたんに、他者である先生に依存してしまったということは、自分に負けたということかも知れません。内在神は残念な思いをしながら、心の奥に隠れていかれます。

自分の心の外に有り難い神様がいると思ってはいけません。

心の外にいる守護神や守護霊に依存する時代は終わりました。

生きている人間である私たちが内在神を目覚めさせ、生きながら神になる時代が始まりました。

心の外の神様は、淘汰されていきます。

内在神の目覚めを促進させる言霊は、

「生かして頂いて　ありがとうございます」

「神様、ご先祖様には感謝のみを捧げる」法則

もし、私が高校生の時に、伊勢白山道式の先祖供養を実践していたならば、より親の負担にならない大学に進学できたのではないかと回想します（笑）。

人間は、迷う磁気を発する霊体や、自身に干渉する霊的存在がいると、その影響を受けて、自分では集中しているつもりでも実際には集中できていません。長時間にわたり勉強机に向かっていても成果が現れないのです。参考書を見ているだけで、心の奥では先行きの心配などをしているのです。

社会人では、自身に干渉する迷いの磁気が増えているか減っているかの判断は、自分の気分によるところが大きいですし、社会情勢や職場環境の影響を受けるので難しいものです。

学生の場合は、テストの結果という具体的で公平な数字でわかると思います。

また、勉強には運も左右します。大学入試もマークシート方式が取り入れられています。問題の落とし穴に自然と気がつくヒラメキが大事です。

優秀な学生を見ますと、安心している先祖霊が複数守護しているものです。勉強に集中できるように、迷いの磁気存在が近寄らないように見守っています。また、良い参考書や先生に出会うようにも導きます。嫌な同級生がいると、子孫に近づかないようにも働きます。孫をかわいがる祖父母のように熱心に身近で守護しています。

世の中では多くの学生が神社へ学業成就の祈願に行きますが、これは逆に迷いの磁気を憑けに行く行為です。お金（小銭）を投げつけて、「何々をお願いします」と神様に祈願しています。

これと同じことを自分自身がされた場合、何を思いますか？

もし、祭神を守っている眷属神がいる神社で、神様を使役《しえき》・利用する願掛けをすると、眷属神は不敬だと怒っているのが実態です。
「人間の個人的な願い事を叶えるのが神様なんでしょ？」なんて考えてはダメです。逆に、大きな霊的ハンディをもらいます。

神様が個人的な細事に協力することはありません。もし、運悪く協力されたならば、それこそ不公平な存在であり、神様ではありません。願いを叶えることと引き換えの交換条件があります。

小銭を投げつけられて頼み事をされれば、普通の人間であれば怒るか無視をします。自分がされて嫌なことは、神様にもしてはいけません。自分がされて嬉しいことは、神様に対しておこなっても大丈夫です。

生きていく上で願い事があるならば、先祖霊を感謝の気持ちで供養して安心させれば良いのです。安心して動けるようになった先祖霊から順番に守護霊となり、親のようにお世話をしてくれます。

ただし、先祖霊にもお願いをしてはダメです。逆に焦らせて、先祖霊が迷うことになるからです。かわいい子孫のためにと無理をしてまで動こうとします。

先祖が安心すれば、その安心感が私たちに反映して、現実界にも本当に安心できる環境が出現します。

大きな視点で見ても、先祖供養の習慣がない国は、戦争と争いが消えません。

「他人から感謝されるようになる」凄い法則

日々、神棚と寄り代（短冊や位牌）へ感謝の磁気を捧げる行為は、感謝の磁気をその場所に蓄電していることになります。

自分自身で蓄電した磁気が、自分が困った時に無意識下で発動するのです。

この不自由な現実界にいる間は、物質からの縛りを受けるのは仕方がないことです。痛いことは痛いし、欲しいものは欲しい。瞑想や空想で、すべて幻だと言ったところで、今日も働いて食料を調達するしかないのです。赤ん坊はミルクを飲むまで泣きやみません。この現実界の法則には、素直に従えば良いのです。

だから逆に、毎日感謝の磁気を蓄電する行為も有効なのです。現実界でする行為の実績は残り、未来へ作用します。

普段、大勢の人々の中にまみれて生活していると、色々な負の磁気を他人から受けたり、逆に自分が出したりしています。これを感謝の磁気で上書きしては溶かしていくのです。

負の磁気に巻かれたままで放置していると、身体が病気になる方向へと細胞が変化していきます。そうならないために負の磁気をアース放電させて、自分の身体から逃がしてやる必要があります。

負の磁気のアース放電は、感謝磁気を蓄電することによってなされます。そのため、感謝磁気を蓄電する場を家の中に作ることが大事です。この感謝磁気を蓄積させる場が、神棚であり先祖供養の寄り代でもあります。

現実界に場をいったん持つことで、目に見えない世界からの転写がなされ、その後は自身の霊体に感謝磁気が蓄積されていきます。

現実界の縛りの中で生きている限り、感謝の磁気の蓄電場がある人とない人とでは、人生に起こる出来事に大きな差が出るのは仕方がありません。

（1）毎日、神棚の水を交換し、
（2）先祖霊の寄り代には線香を捧げる。
（3）そして、自分も含めた生き物全体が日々生かされていることへの感謝の気持ちを、これらに捧げる。

「神仏に与える内容が、自分自身に反映する」という現実界での法則から考えますと、毎日のこの行為により、何が自分に反映してくるのでしょうか？

（1）自分に毎日新しい肉体（水が象徴する）が与えられる。
（2）物質界で生きる糧《かて》（線香が象徴する）が与えられる。
（3）自分が他人を生かす状況を提供して、他人から自分が感謝される。

（1）（2）は、物質的な物でわかりやすいでしょう。水や線香を神と先祖に捧げることは、生きる糧が与えられる因縁の霊的磁気を作り出す行為になります。問題は（3）です。自分が他人から感謝される状況になるとは、素晴らしいことであり凄いことです。

自分が他人に何かを提供することは、自分自身が健康であり、心に余裕があって初めて可能なことです。

例えば、高齢の親のために買い物をしてきてあげる。これは、荷物を持って、歩き回れるだけの健康と時間の余裕があり、かつ、親に対して思いやりの気持ちを持てるだけの心の余裕があるからこそ、できることです。それができる環境が与えられるのです。

経営者が他人から感謝される状況になるとは、従業員や取引先を潤《うるお》せる経営状況になるということです。現在の経済事情を考えるならば、これも凄いことです。

それぞれに応じた立場で、自分が生かされて他人から感謝されることになる因縁が生まれるのです。

生かされていることを神仏に感謝することで、一々頼まなくても、その反射で自分が感謝される環境が与えられます。細かい願い事などを一々する必要はないのです。丸ごと全部が良くなるのです。

もっと大きな正しい欲心を持ちましょう。

「苦しかった時の自分を褒める」法則

最近、世間の悩んでいる人を観ますと、他の存在からの霊障よりも、自分の霊体が痛んでしまい、弱っていることから来る障害が多いと感じます。自分の霊体を弱らせた原因は、自分自身にあることが多いです。

人間は嫌な過去の体験がありますと、忘れようとしたり、自分を責めたりとしがちです。

たとえ表面の意識から消すことができたとしても、苦しんだ時に空間に刻み込んだ思いは残存しています。

ただ、人間は生ある限り、嫌なことや辛いこと、心配なことは尽きません。もぐら叩きゲームのように一つの問題をクリアしても、また別の問題が頭を出し、それもクリアすると、再び前回クリアした問題が再発と……。色々、あるものです。

しかし、これが人生の正しい姿です。
良い修行をさせてくれるものです。
問題から逃げますと、問題は巨大化していくだけです。
では、どうすれば良いのでしょうか？

問題から目を逸《そ》らさずに、自分のできる努力をしておくのです。
後で後悔しないように。
そして苦しい時は、自分で自分を褒《ほ》めるのです。
自分で自分を励ますのも良いでしょう。

感謝の先祖供養が進みますと、安心した先祖霊が増えていきます。
その安心した波動は、絶えず霊線を伝わって、御自身に降りてきます。そうなりますと、問題に直面しても、なぜか心が落ち着いているものです。そして深く悩まずに、淡々と問題に対処することができます。

また、苦しく辛い過去があれば、時間がある時にでも、その時のことを、あえて思い出して、その時の自分を褒めてあげてください。

これにより、肉体と霊体のズレが矯正《きょうせい》されていき、心が強くなっていきます。


人間は、過去に生きた時の自分の霊体と、今でも共に過ごし生きています。

過去の自分に苦しい状態があったならば、その時の苦しい自分の霊体は今でも残存しています。その苦しかった時の自分の霊体を忘れていますと、今の自分に「理由のない不安感」「なぜか不運」という状態が反映します。


これを改善するには、過去に生きた自分を思い出してあげて、

「何とか生きてくれてありがとう」

「よくがんばったよ」

と過去の自分に感謝をすることが、霊体の昇華を起こします。

これも霊的に自分の心を応援する行為です。

そして後は、現実界で思いっきり転げ回り、今を生きれば良いのです。

誰でも痛い時があるものです。

過去に生きた自分にも感謝をする、という視点を知って頂ければ幸いです。

伊勢白山道式　先祖供養の方法

1　最初に線香三本に火を点け、上下に軽く振って炎を消します。線香を手に持ったまま、うち一本を片方の手に持ち替えて、苗字は言わずに父方・母方も含めた男性の先祖霊全体を意識して「ご先祖のみなみな様方、どうぞお召し上がりください」と声に出してから線香器の左奥に立てます。立てたら「生かして頂いて　ありがとう御座位ます」と発声します。

2　二本目を片方の手に持ち替えて、父方・母方を含めた女性の先祖霊全体を意識して「ご先祖のみなみな様方、どうぞお召し上がりください」と声に出してから線香器の右奥に立て「生かして頂いて　ありがとう御座位ます」と繰り返します。

3　三本目の線香を片方の手に持ち替えて「その他もろもろの縁ある霊の方々、どうぞお召し上がりください」と声に出し「自分に縁あるすべての霊的存在」（家系の水子、実家や親類の霊、知人の霊、生霊、動物の霊、土地の霊、その他の自分で認識していない霊的存在など）へ届くように思いながら、手前中央に立てます。

4　手を合わせて「生かして頂いて　ありがとう御座位ます」と繰り返します。

5　続けて、すべての霊が根源なる母性に還るイメージで「アマテラスオホミカミ」を二回ずつ、自分が安心するまで繰り返します。これに違和感のある方は唱えなくてもよいです。大事なのは「生かして頂いて　ありがとう御座位ます」の言霊です。

※火の点け方は最初に２本、あとから１本でもよいです。
※煙が自分のほうに流れてきても問題はありませんが、気になる場合は、供養を始める時に１度だけ「寄り代にお寄りください」と念じてください。

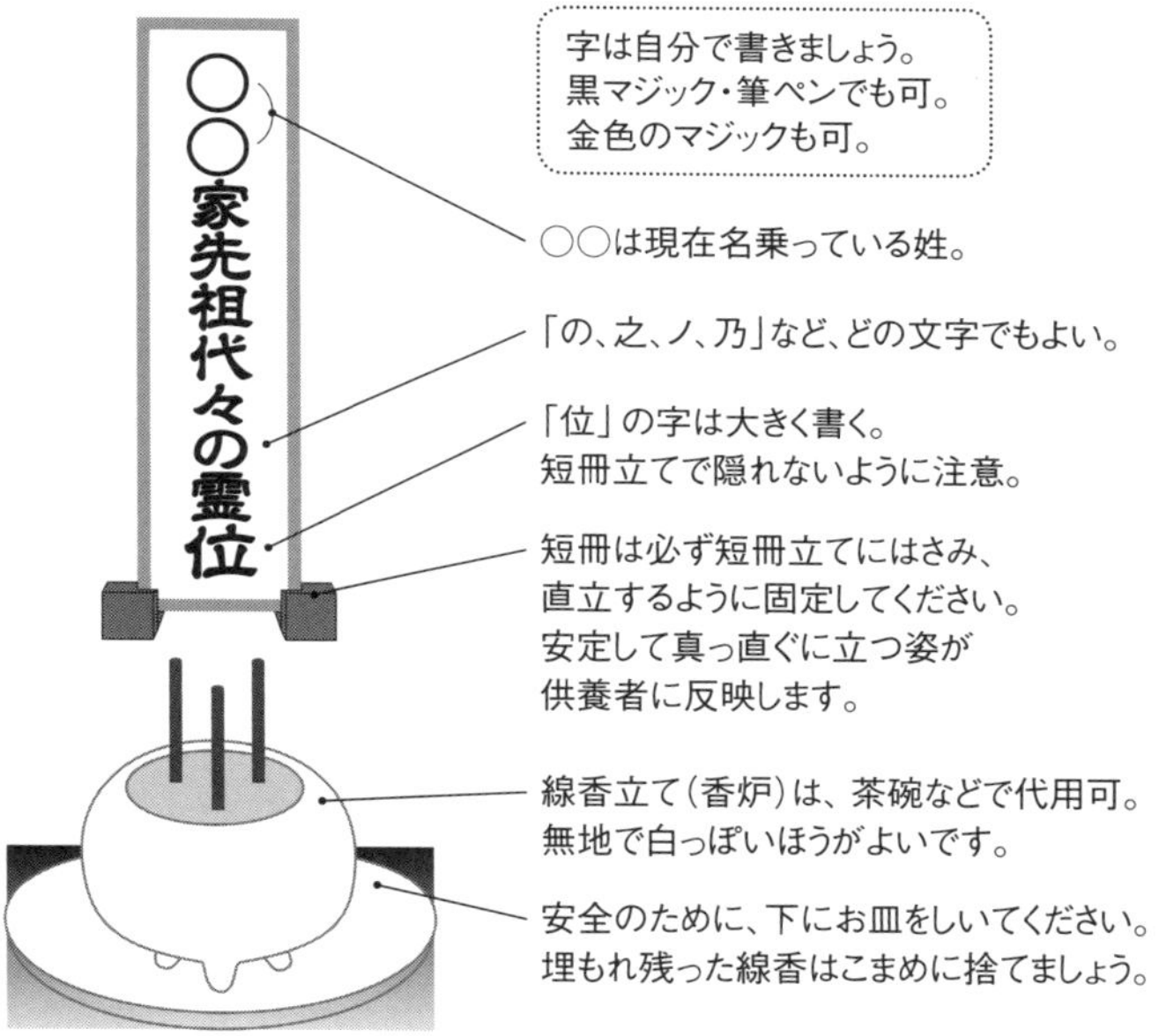

○○家先祖代々の霊位
字は自分で書きましょう。
黒マジック・筆ペンでも可。
金色のマジックも可。
○○は現在名乗っている姓。
「の、之、ノ、乃」など、どの文字でもよい。
「位」の字は大きく書く。
短冊立てで隠れないように注意。
短冊は必ず短冊立てにはさみ、
直立するように固定してください。
安定して真っ直ぐに立つ姿が
供養者に反映します。
線香立て（香炉）は、茶碗などで代用可。
無地で白っぽいほうがよいです。
安全のために、下にお皿をしいてください。
埋もれ残った線香はこまめに捨てましょう。

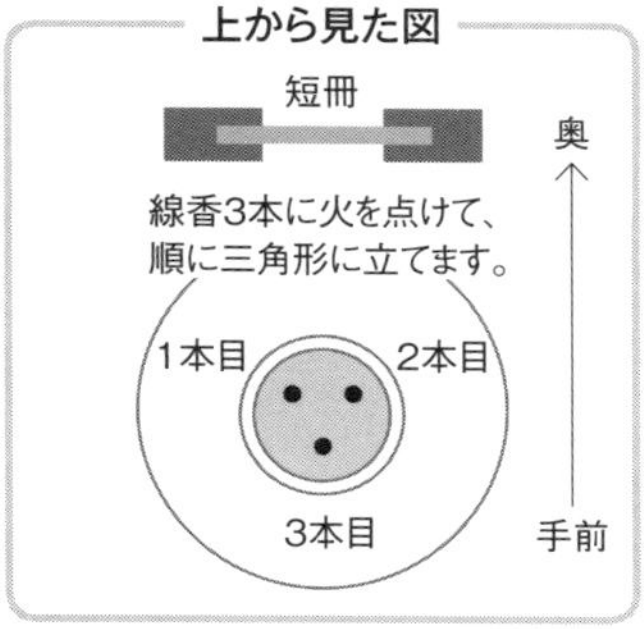

上から見た図
短冊
奥
線香3本に火を点けて、
順に三角形に立てます。
1本目
2本目
3本目
手前

- 先祖供養には、先祖霊が寄るための寄り代（位牌や短冊）が必要です。
寄り代なしの供養は厳禁です。
- 自宅に「○○家（自分の現在の苗字）先祖代々の霊位」と記された位牌があれば、それを使用してください。
ない場合は、短冊を用意して図のように自作してください。
- 先祖供養は自己判断と自己責任でおこなうことです。

◆火災に注意！ 供養のあとは線香の消火確認を忘れずに!!

ブログ　伊勢－白山道　http://blog.goo.ne.jp/isehakusandou/より引用

供養の道具

❖短冊は、文房具店で販売されている長さ三十cm以上で白色無地の厚手の物がよいです。金色の縁取りがあれば、なおよいです。短冊は短く切ったりしないでそのまま使用してください。

❖短冊が手に入らない場合は、硬さのある厚紙を何重にもノリで貼り重ねて自作してもよいです。寄り代には厚みが大切です。中に空洞のある段ボール紙は、供養の短冊には適していません。

❖破損したり書き損じたりした短冊は、白い紙に包んでゴミとして捨てればよいです。短冊には、供養の際に霊が一時的に寄るに過ぎないからです。

❖短冊立ては必須です。短冊の両端をしっかりとはさんで真っ直ぐに立てられる、木製の物を使用してください。木片二つに切り込みを入れて自作してもよいです。短冊を斜めに立てかけるのは厳禁です。

❖線香は、長さが十cm以上あり、煙が多いものがよいです。香りが良いものも霊に喜ばれます。

❖線香を折ることは厳禁です。自然に折れて短くなった線香は、三本目に使用してもよいです。

❖線香器（香炉）はどんぶり・茶碗などで代用できます（無地で白い厚手のものが理想）。灰を受けるために、必ず下に大きめの皿をしいてください。

❖市販の線香灰の使用が理想ですが、入手できない場合は重曹など難燃性の物を使用してください。可燃性のコーヒーかすや穀類は危険です。また、砂や小石、金属・ガラス・塩は先祖供養には不向きです。

供養の場所

❖伝統仏教の仏壇がある場合は「〇〇家先祖代々の霊位」の寄り代（位牌や短冊）を仏壇の中（一番手前の置ける最下方）か、前に台を置いてその上で供養します。仏壇以外の所に台を置いて供養してもよいです。

❖仏壇や位牌が新興宗教仕様の場合は、必ずその仏壇から離れた場所で、別に短冊を用意して供養します。

❖神棚がある場所で供養をおこなう場合は、神棚よりも低い場所に置いてください。神棚の下方に寄り代を置いて供養するのが理想です。

❖供養は高さ三十～五十㎝のぐらつきの無い安定した台でおこなうことが理想です。仏壇内に寄り代を置く場合は、高さを気にしなくてよいです。

❖窓際（窓を背に寄り代を置く）や鏡に寄り代が映り込む場所は避けたほうがよいです。

❖方角は気にしなくてよいですが、理想は寄り代を北～東方向を背に置いて、人が北～東に向かい拝みます。

❖供養をおこなう場所は綺麗に片づけ、掃除をしましょう。

❖他に場所がない場合には台所で供養してもよいですが、事前の清掃が大事です。できれば供養中に換気扇はまわさないほうがよいです。線香が消えてから換気をしましょう。

❖ベランダや屋外での供養は、無縁霊が寄るので厳禁です。

❖一つの家の中で、家族が複数の場所で同時に供養をしてもよいです。

❖短期間の出張や旅行時にまで、道具を持参して供養をする必要はありません。

火災予防

❖ロウソクの使用は厳禁です。線香にはライターで火を点けます。

❖線香を捧げたらその場を離れてかまいませんが、線香が消えるまでは外出はしないで、必ず消火の確認をしましょう。

供養の時間

❖午前中に供養するのが理想ですが、他の時間帯でも（夜でも可）よいです。ただし、霊的に不安定な時間帯である、日没の前後一時間と深夜〇時から午前四時の間は避けてください。

お供え

❖線香の煙は、霊の欲しい物に変化して届きますので、法要や命日・お盆・お彼岸などを除き、食べ物のお供えはしなくてもよいです。

❖食べ物は長く置くと無縁霊が寄りやすくなります。食べる場合は三十分位で下げて早めに食べましょう。

❖お茶やお水などの液体類をお供えした場合は、飲まずに捨てましょう。

湯気供養（線香を使用できない場合）

❖霊的な効力は線香の三割ほどですが、湯気の出る熱いお茶を入れた茶碗を三つ用意して、三角形に置いて供養します。湯気供養にも寄り代（短冊や位牌）は必須です。捧げたお茶は捨てます。

供養時の注意

❖供養の際には、感謝の気持ちだけを捧げましょう。願い事をしたり、悩みを訴えたりしますと、先祖霊は不安になり、供養にならなくなります。

❖怒ったりイライラした状態の時は、供養をやめましょう。

❖供養を受けている霊を邪魔することになるので、供養中は短冊や位牌・線香・煙に触れないほうがよいです。線香を途中で消すことは厳禁です。

❖故人が現世への執着を持たないようにするために、写真は置かないほうがよいです。亡くなってすぐはよいですが、一年経てばしまって、命日などにだけ出しましょう。

❖大切なのは供養を先祖・縁ある霊的存在「全体」に捧げることです。供養が必要な他の方に届きにくくなってしまいますので、供養中に特定の故人の名前は呼びかけないほうがよいです。どうしても気になる故人がいる場合は、三本目の線香を捧げる時に心の中で故人の名前を思い、感謝をすればよいです。

❖供養に使用する短冊や位牌は常設が理想です。しまう場合は線香が燃え尽きてから一時間はそのままにしてください。火災予防の観点からは、線香立てはしまわないほうがよいです。

❖供養は一日に一回、多くても二回までです。過剰な供養は不要です。

その他

❖日常で「生かして頂いて　ありがとう御座位ます」と先祖や家系の水子、内在神への感謝想起をすることもとても大切です。

❖先祖供養と自分や家族の健康や仕事・勉強・人間関係等の幸・不幸を結び付けて考えてはいけません。先祖供養は、迷い困っている霊を助けたいと思う慈悲の気持ちから「先祖のために」おこなうことです。自分のためではありません。

❖供養で大事なことは「継続」です。供養の継続は供養が届いていることの証明です。

❖先祖供養は先祖への感謝と思いやりから自発的におこなうことです。無理は不要です。先祖供養はご自分の判断と責任の上でおこないましょう。

【旧版】あとがき

世の中には、一般的に良いとされている習慣が、実は運勢を悪くする習慣であることが意外と多いのです。

例えば神社で祈願するよりも、ただ現状を神様に感謝するほうが物事が自然と好転していきます。大いなる存在に対して、細かいことを言う必要はないのです。

このように、今の世の中は目先の細事の実現に目がくらみ、大切で大事なことを忘れている人間が多いのです。

近年の世界を観てみますと、今まで「刈り取る」文化が続いてきたと思います。

これは国同士だけではなく、個人同士、会社同士、隣人同士、学校の生徒同士……、家族同士でさえも、互いに何かを奪い合う関係がありました。ところが皮肉なことに、経済の減退を切っかけに奪い合う機会自体が減少し、全体が非常に苦しい状況になってきています。

これが進んでいきますと、「分け合う」文化に強制的に移行する可能性があります。

今までの価値観に縛られていれば、大変辛い思いをするでしょう。

今のうちから思考と生き方を転換しておけば、楽しい社会の到来を体験できる人間になれると思います。

「与えれば、与えられる」

つまり、与える人は何かを与えられる時代が始まっていると、私は感じています。

与えるモノは、物質だけではありません。

他人への心遣いや優しい気持ちも、与えることができます。

今までの「刈り取る」時代は、自分が何かを他人に与えても正しく評価され難い時代だったと思います。

それが「アタリマエ」とされたからです。

これからは、今までアタリマエに存在してきた様々な物事が消えていきます。アタリマエがアタリマエでなくなる時代の始まりでもあります。見える存在、見えない存在のすべてを大事にして、与え育てる人が大事にされる時代の始まりです。

今回、色々な角度から「深い心の安らぎ」と「幸運を手にするヒント」を書かせて頂きました。

二〇〇九年

伊勢白山道

【新版】あとがき

千年単位の天体の動きから見まして、この二千年間の地球に影響を与えているのは魚座であり、これからこれが水瓶座《みずがめざ》の影響が強まる時代に、いずれは移行していくという見方があります。

私たちは、水瓶座の時代、すなわち「水の性質が支配する時代」に向かって進んでいると言えます。

では、水の性質で一番に思い浮かぶことは何でしょうか?

・水は、高い場所から、より低い場所へ流れる。

・水は、万遍《まんべん》なく、公平に、行き渡る。

・水は大地を潤《うるお》し、命を育《はぐく》む。

つまり、これからは、
・上から目線の思考では失敗することになる。
・下から目線の思考や、公平な視点からの商売が、ヒットしやすい時代。
・そして、〝与えれば、与えられる〟時代が始まる。
このように私は感じています。

これからは物よりも、「思いやりの心を配る時代」とも感じます。
心の時代なのです。
他人に対して、心地よい気持ちを配ること。
これが回りまわって、自分自身に様々なモノをもたらします。
このような「与えれば、与えられる時代」になっていくと感じています。

ただ、注意するべきことは、他人に嫌な気持ちや行為を与えれば、自分に厳しい反射がある時代の始まりでもあるということです。これからは過去にはなかったほど、善悪含めた反射がすぐに本人に返る時代となることでしょう。

今までならば、悪事の反射は、何十年後の晩年か来生に持ち越す場合もありました。悪人の栄華を見て、神も仏もないと思う人もいた時代だったとも言えます。

しかし、これから神様の実在を、善悪の行為の反射という形で誰もが確信できる時代へと進み始めることでしょう。


この本の再発行は、水瓶座の時代に向かっているまさに今にふさわしいものであり、ある意味で神意、とも言えることを感じます。

この本が、皆様が来《きた》るべき水瓶座の時代を生きる参考になれば、これほど嬉しいことはありません。

私はこれからの時代を楽しみにしています。

二〇一九年　天候を見ながら

伊勢白山道

■著者紹介

伊勢白山道（いせ　はくさんどう）

2007年５月「伊勢白山道」ブログを開設、2008年３月から本の出版を始め、その斬新な内容と霊的知識、実践性において世界に衝撃を与え続けている。社会の中で働きながら、毎日かかさず悩める人々にインターネットを介して無償で対応している。自分が生かされていることへの感謝を始めた読者の人生に起きる良い変化が、強い支持につながっている。数多くある精神世界サイトの中で、ブログランキング圧倒的第１位を長年にわたり継続中である。

著書に『内在神への道』（ナチュラルスピリット刊）、『あなたにも「幸せの神様」がついている』『生かしていただいて　ありがとうございます』（主婦と生活社刊）、『内在神と共に』『森羅万象　第1巻～第10巻』『与えれば、与えられる』『自分の心を守りましょう』（経済界刊）、『伊勢白山道問答集　第１巻～第３巻（全３巻）』『宇宙万象 第１巻～第３巻』『自分を大切に育てましょう』『今、仕事で苦しい人へ　仕事の絶望感から、立ち直る方法』『柔訳　釈尊の教え　原始仏典「スッタニパータ」第１巻～第２巻　』『伊勢白山道写真集　神々の聖地　白山篇』『伊勢白山道写真集　太陽と神々の奇蹟の聖域　伊勢篇』（以上、弊社刊）。
谷川太一名義で『柔訳　老子の言葉』『柔訳　老子の言葉写真集　上下巻』（経済界刊）、『柔訳　釈尊の言葉　原始仏典「ダンマパダ」　第１巻～第３巻（全３巻）』（弊社刊）がある。

著者のブログ：
http://blog.goo.ne.jp/isehakusandou

※この作品は二〇〇九年に経済界から刊行された『与えれば、与えられる』を加筆・修正し、再編集したものです。

与《あた》えれば、与《あた》えられる

著　者　伊勢白山道

編集人　渡部 周

発行人　杉原葉子

発行所　株式会社 電波社
〒154-0002
東京都世田谷区下馬6-15-4
TEL　03-3418-4620
FAX　03-5432-7090
http://www.rc-tech.co.jp/

振　替　00130-8-76758

印刷・製本　株式会社 光邦

DENPA-SHA Co., LTD. Printed in Japan.
ISBN978-4-86490-176-5